絶景！
さくら鉄道

目次

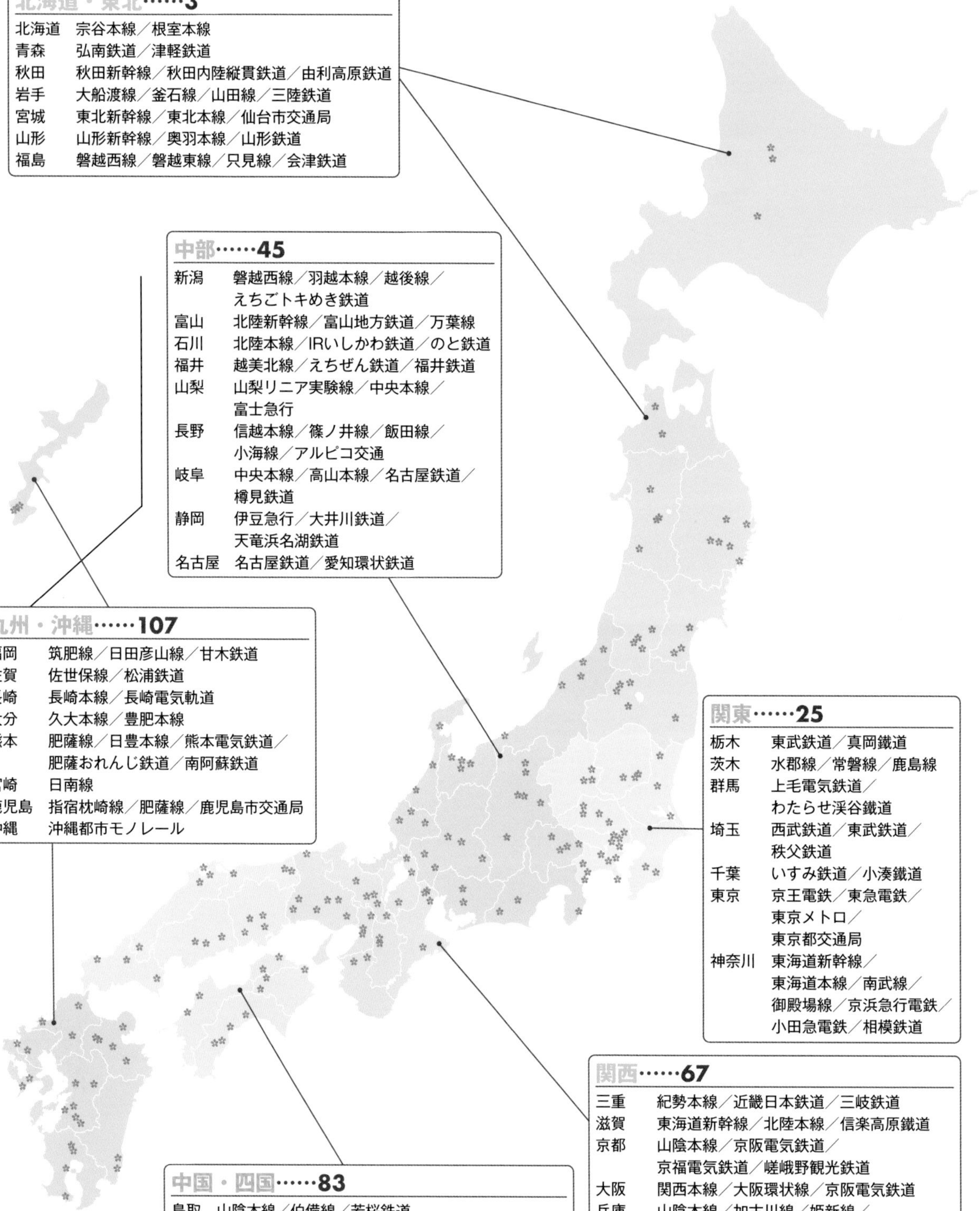

北海道
東北

宗谷本線
塩狩～蘭留

宗谷本線
南比布～比布

根室本線
東鹿追～金山

津軽鉄道
津軽鉄道線
金木～芦野公園

津軽鉄道
津軽鉄道線
芦野公園～金木

弘南鉄道
大鰐線
石川～石川プール前

秋田新幹線
（田沢湖線）
鶯野～羽後長野

由利高原鉄道
鳥海山ろく線
吉沢

秋田内陸縦貫鉄道
秋田内陸線
角館～羽後太田

秋田内陸縦貫鉄道
秋田内陸線
阿仁合～荒瀬

釜石線
洞泉～陸中大橋

250

釜石線
岩手上郷～青笹

三陸鉄道
リアス線
恋し浜～甫嶺

三陸鉄道
リアス線
豊間根～払川

釜石線
遠野～綾織

山田線
腹帯～陸中川井

東北本線
船岡～大河原

仙台市交通局
東西線
大町西公園～国際センター

東北新幹線
福島～白石蔵王

東北本線
大河原～船岡

山形新幹線
（奥羽本線）
赤湯～中川

奥羽本線
北山形～山形

山形鉄道
フラワー長井線
荒砥～四季の郷

山形鉄道
フラワー長井線
あやめ公園～羽前成田

磐越西線
尾登～荻野

只見線
郷戸～会津柳津

磐越東線
川前～夏井

磐越西線
喜多方～山都

会津鉄道
会津線
湯野上温泉

関東

真岡鐵道
真岡線
北真岡～西田井

東武鉄道
宇都宮線
壬生～国谷

真岡鐵道
真岡線
寺内

水郡線
常陸大子～袋田

常磐線
友部～内原

鹿島線
延方～潮来

上毛電気鉄道
上毛線
桐生球場前～天王宿

わたらせ渓谷鐵道
わたらせ渓谷線
神戸

わたらせ渓谷鐵道
わたらせ渓谷線
小中～神戸

西武鉄道
西武秩父線
西武秩父～横瀬

上毛電気鉄道
上毛線
新屋～粕川

東武鉄道
東上線
みずほ台～柳瀬川

小湊鐵道
小湊鐵道線
飯給

秩父鉄道
秩父本線
上長瀞～長瀞

いすみ鉄道
いすみ線
国吉

小湊鐵道
小湊鐵道線
里見～飯給

東京都交通局
荒川線
王子駅前～飛鳥山

東急電鉄
東横線
多摩川～新丸子

京王電鉄
井の頭線
高井戸～浜田山

東京メトロ
丸ノ内線
中野検車区

京浜急行電鉄
本線
戸部～横浜

小田急電鉄
小田原線
相武台前～座間

京浜急行電鉄
久里浜線
三崎口～三浦海岸

南武線
登戸～宿河原

東海道本線
早川～根府川

御殿場線
谷峨～山北

東海道新幹線
小田原～熱海

相模鉄道
いずみ野線
弥生台

中部

えちごトキめき鉄道
日本海ひすいライン
糸魚川～青海

磐越西線
咲花

磐越西線
咲花～東下条

羽越本線
加治～新発田

越後線
分水

越後線
分水～寺泊

米坂線
越後片貝～越後下関

万葉線
新湊港線
東新湊～中新湊

富山地方鉄道
立山線
下段～釜ヶ淵

北陸新幹線
富山～新高岡

富山地方鉄道
富山軌道本線
桜橋～電気ビル前

IRいしかわ鉄道
倶利伽羅～津幡

のと鉄道
七尾線
能登鹿島

IRいしかわ鉄道
倶利伽羅

北陸本線
大聖寺～加賀温泉

えちぜん鉄道
勝山永平寺線
志比堺～永平寺口

福井鉄道
福武線
鳥羽中～神明

越美北線
柿ケ島～勝原

中央本線
塩山～勝沼ぶどう郷

山梨
リニア実験線

富士急行
大月線
三つ峠～東桂

中央本線
上野原～四方津

信越本線
安茂里～長野

篠ノ井線
稲荷山～姨捨

飯田線
伊那福岡～田切

篠ノ井線
南松本

アルピコ交通
上高地線
西松本～渚

小海線
八千穂

高山本線
下呂～焼石

樽見鉄道
樽見線
谷汲口～神海

長良川鉄道
越美南線
山田～自然園前

中央本線
落合川～中津川

名古屋鉄道
名古屋本線
笠松～木曽川堤

天竜浜名湖鉄道
天竜浜名湖線
宮口～フルーツパーク

伊豆急行
伊豆急行線
河津～稲梓

大井川鐵道
大井川本線
地名～川根温泉笹間渡

名古屋鉄道
名古屋本線
東岡崎～岡崎公園前

愛知環状鉄道
愛知環状鉄道線
新豊田～新上挙母

関西

近畿日本鉄道
名古屋線
川原町～阿倉川

三岐鉄道
北勢線
東員～大泉

三岐鉄道
三岐線
大安～三里

紀勢本線
伊勢柏崎～阿曽

東海道新幹線
岐阜羽島～米原

北陸本線
高月～河毛

信楽高原鐵道
信楽線
紫香楽宮前～雲井

京福電気鉄道
北野線
鳴滝～宇多野

嵯峨野観光鉄道
嵯峨野観光線
トロッコ保津峡～トロッコ亀岡

山陰本線
胡麻～下山

京阪電気鉄道
京阪本線
中書島～伏見桃山

京阪電気鉄道
京阪本線
京橋～天満橋

京阪電気鉄道
交野線
河内森～私市

大阪環状線
天満～桜ノ宮

関西本線
大河原～笠置

姫新線
播磨徳久～三日月

福知山線
藍本～草野

阪急電鉄
甲陽線
甲陽園～苦楽園口

山陰本線
香住～鎧

加古川線
黒田庄～日本へそ公園

智頭急行
智頭線
苔縄～上郡

北条鉄道
北条線
法華口

近畿日本鉄道
南大阪線
尺土～高田市

近畿日本鉄道
橿原線
近鉄郡山～九条

和歌山線
御所～玉手

南海電気鉄道
高野線
学文路～九度山

和歌山電鐵
貴志川線
大池遊園～山東

中国四国

若桜鉄道
若桜線
安部～八東

若桜鉄道
若桜線
若桜

山陰本線
大岩～岩美

伯備線
伯耆溝口～岸本

山陰本線
玉造温泉～来待

一畑電車
北松江線
長江～朝日ヶ丘

山口線
津和野～船平山

木次線
木次

山陽新幹線
岡山～相生

伯備線
備中川面～木野山

津山線
金川～建部

井原鉄道
井原線
早雲の里荏原～小田

芸備線
上深川

山陽本線
白市～入野

福塩線
河佐～中畑

広島電鉄
本線
的場町～猿猴橋町

山口線
長門峡～渡川

美祢線
板持～長門市

錦川鉄道
錦川清流線
守内かさ神～清流新岩国

土讃線
讃岐財田～黒川

高松琴平電気鉄道
長尾線
白山～学園通り

高徳線
勝瑞

土讃線
佃～箸蔵

土讃線
大歩危

予讃線
下灘

伊予灘ものがたり

予讃線
下灘～串

伊予鉄道
城北線
古町～萱町六丁目

土佐くろしお鉄道
中村線
窪川～若井

とさでん交通
後免線
デンテツターミナルビル前～菜園場町

土讃線
安和

予土線
打井川～家地川

九州
沖縄

日田彦山線
採銅所

筑肥線
周船寺～波多江

日田彦山線
採銅所

甘木鉄道
甘木線
松崎～今隈

松浦鉄道
西九州線
浦ノ崎

佐世保線
有田～上有田

長崎本線
大草〜東園

長崎本線
喜々津～東園

長崎電気軌道
桜町支線
市民会館～桜町

久大本線
天ヶ瀬～豊後中川

久大本線
天ヶ瀬～豊後中川

久大本線
杉河内

久大本線
南由布

豊肥本線
豊後清川

熊本電気鉄道
菊池線
池田～韓々坂

日豊本線
中山香～杵築

南阿蘇鉄道
高森線
中松～阿蘇白川

肥薩線
西人吉～渡

肥薩おれんじ鉄道
肥薩おれんじ鉄道線
上田浦～たのうら御立岬公園

肥薩線
大畑

肥薩線
鎌瀬～葉木

日南線
大堂津～南郷

日南線
北郷

肥薩線
植村～大隅横川

指宿枕崎線
開聞

鹿児島市交通局
第二期線
高見橋～加治屋町

肥薩線
大隅横川

肥薩線
嘉例川

沖縄都市モノレール
沖縄都市モノレール線
赤嶺

沖縄都市モノレール
沖縄都市モノレール線
牧志～美栄橋

沖縄都市モノレール
沖縄都市モノレール線
市民病院前～儀保

北海道
東北

塩狩峠のエゾヒガンサクラ

塩狩駅と蘭留駅のほぼ中間地点にある、崖の上から。蘭留川と国道40号の向こうに、塩狩峠を走る宗谷本線が見える。峠にはエゾヒガンサクラの並木がある

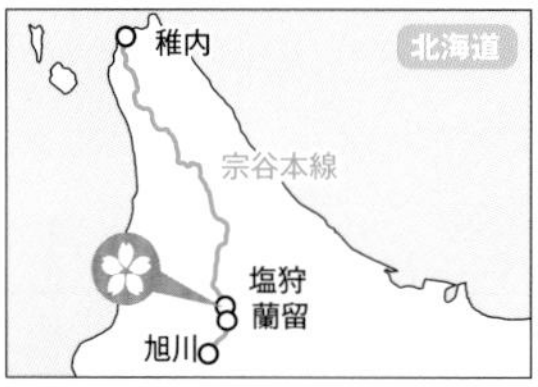

Photo●小林大樹

上川盆地の水田と宗谷本線

比布駅から徒歩30分ほどにある村山山公園内から、大雪山系を後ろに上川盆地を臨む景色の中に、宗谷本線と桜を捉えられる。公園内にはエゾヒガンサクラが数本植えられている

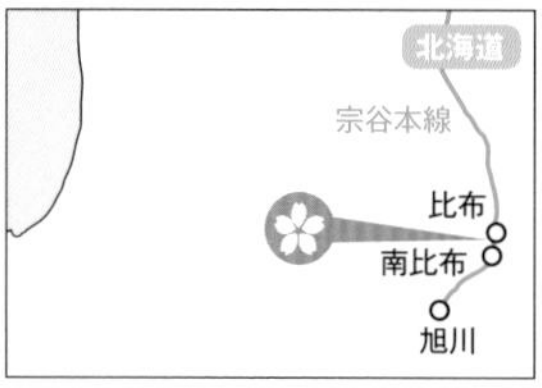

Photo●小林大樹

ダムから見下ろす桜と橋梁

金山駅から徒歩40分ほどにある金山ダムの堤上道路からの景色。堤高57.3mから、空知川を渡る根室本線が見下ろせる。手前にはエゾヒガンサクラ、奥には夕張岳を臨める

Photo●小林大樹

早朝の光に包まれた桜と列車

津軽半島を縦走するように通る津軽鉄道。芦野公園駅は、日本さくら名所100選に選ばれる芦野公園の中央に位置。線路を覆うような桜のトンネルと列車を半逆光で狙った

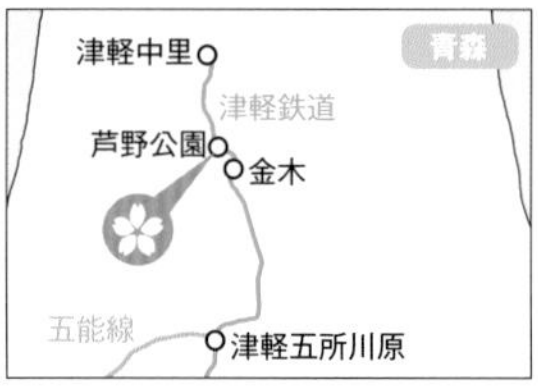

Photo●梅津 敦

DD350と芦野公園のトンネル

津軽鉄道の芦野公園内にある踏切から、桜のトンネルとDD350に牽かれた旧型客車を撮影。晴れ過ぎない高曇りのほうが、列車に影が映りこまず桜も列車もきれいに撮れる

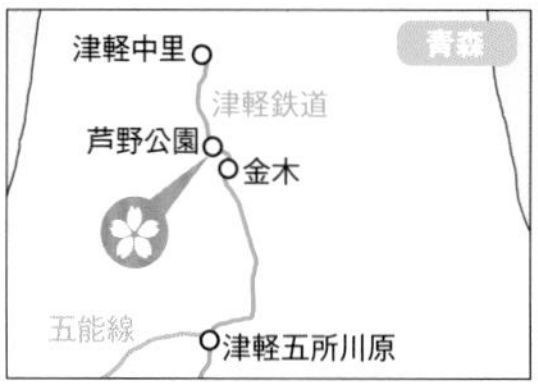

Photo●荒川好夫

朝霧に包まれる桜と鉄橋

石川プール前駅から徒歩15分ほど。平川を渡る県道260号の橋上から。奥に見えるのは、大仏公園に咲くソメイヨシノ。朝霧が立ちこめ、墨絵のような光景が広がった

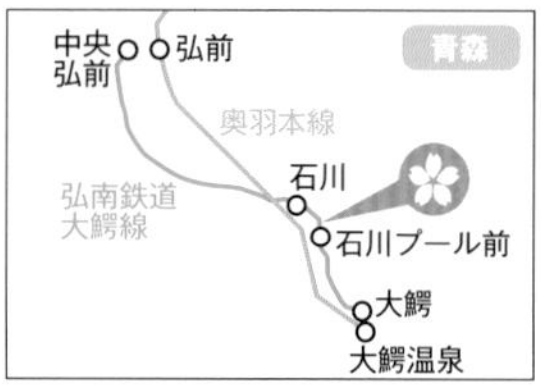

Photo●荒川好夫

秋田新幹線と枝垂桜の巨木

盛岡～大曲間を結ぶ田沢湖線のうち、鶯野駅周辺は一面に田畑が広がる広大な平野。駅から徒歩数分で大きな1本の枝垂桜と、秋田新幹線E6系、鬼壁山を臨む景色に出会える

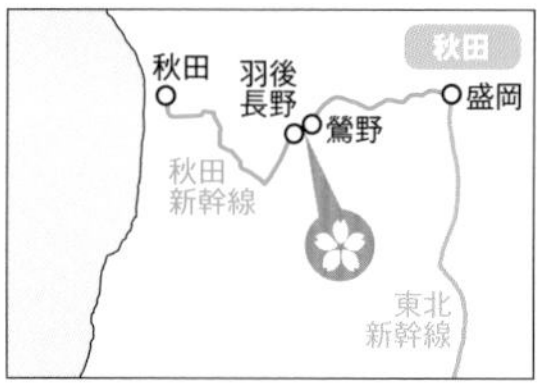

Photo●会津善和

駅構内に咲く紅白の桜

秋田県本荘市内にある羽後本荘～矢島を結ぶ第3セクター鉄道。子安川の近くに佇むように吉沢駅がある。駅構内に紅白に分かれて咲く印象的な桜とYR-3000形の風景

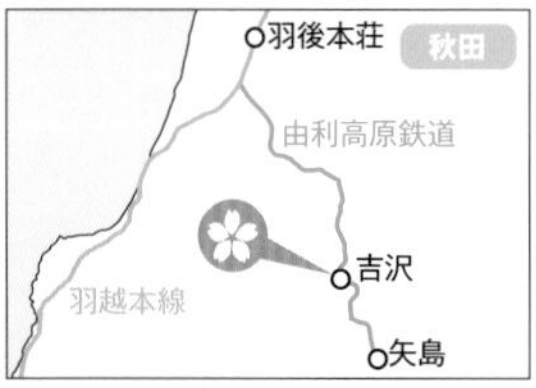

Photo●荒川好夫

田園の茅葺屋根とローカル線

角館駅よりも、田沢湖線生田駅のほうが最寄で、徒歩30分ほどの田園地帯の中。茅葺屋根の農家敷地内に立つ一本桜。写真ではAN8800形だが、近くには秋田新幹線E6系も走る

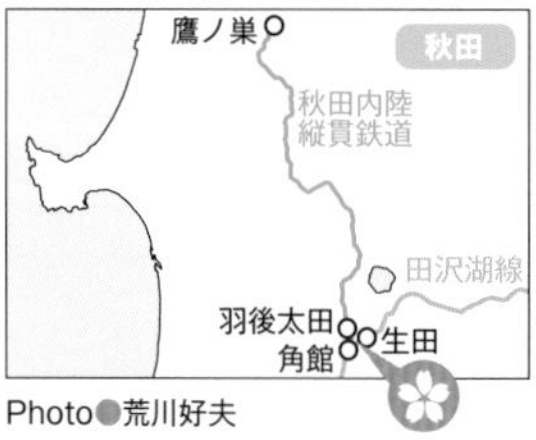

Photo●荒川好夫

咲き誇る八重桜とツツジ

あたり一面を田んぼに囲まれ、山と川に挟まれるようにある荒瀬駅。その付近に一本の八重桜と、寄り添うように咲くツツジ。花で出来たトンネルの間から見えるAN-8800形

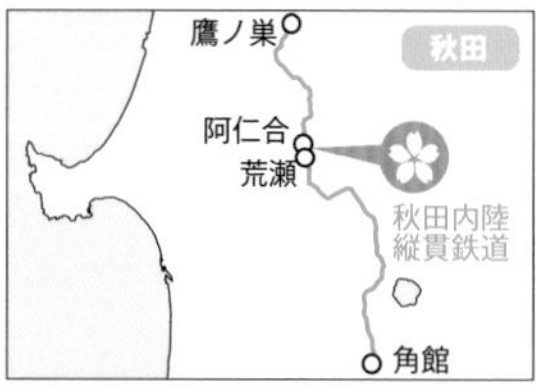

Photo●梅津 敦

八重桜と峠を走破するC58

洞泉駅から山間に向かう路線。山の中腹を右曲左曲して高度を上げていく過程に、1本の大きな八重桜がある。写真は急峻な崖にへばりつくようにして『SL銀河』を撮影

Photo●荒川好夫

枝垂桜と『SL銀河』

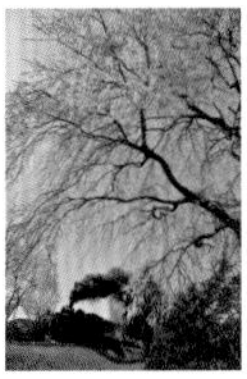

岩手上郷駅から釜石線沿いに走る道路から少し入った場所。住宅と畑に囲まれた中に１本の大きな枝垂桜の木がある。写真はC58に牽引される『SL銀河』

Photo●松本正敏

斜面の八重桜とレトロ車両

山間が不意に途切れて海が臨める恋し浜駅。その駅前広場から線路を見上げるような場所に咲く一本の八重桜。レトロ調車両『さんりくしおさい』の36-R3形とともに撮影

Photo●梅津 敦

おだやかな荒川川のほとり

豊間根駅から徒歩10分ほどの、荒川川左岸の堤防辺りから橋梁を臨む。樹齢30年ほどのソメイヨシノが力強く立っている。四六時中逆光となるため撮影はなかなか難しい

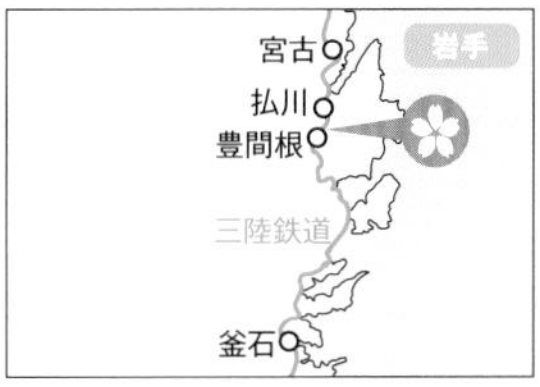

Photo●荒川好夫

のどかな田園と桜の景色

綾織駅から徒歩５分ほど。猿ヶ石川の支流の小川沿いに桜の並木がある。これらがフレームぬ収まるように撮影。近辺にはほかにも桜が密集した場所がある

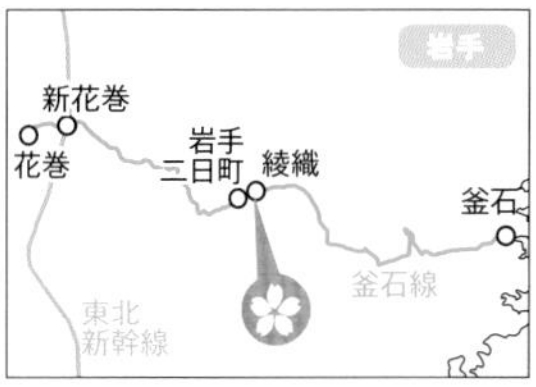

Photo●松本正敏

前刈山の山並みと桜の枝ぶり

閉伊川の近くに佇む陸中川井駅。写真は駅ホームにて、腹帯方面から入線してくるキハ110-100を撮影。駅構内や周辺にはいくつかの大きな桜の古木がある。

Photo●荒川好夫

蔵王連峰と一目千本桜

日本さくら名所100選の一つ、白石川沿いに咲き誇る約1200本のソメイヨシノ。蔵王連峰を臨めるこの場所は、船岡駅から徒歩15分の、船岡城址公園と桜並木を結ぶ跨線橋上

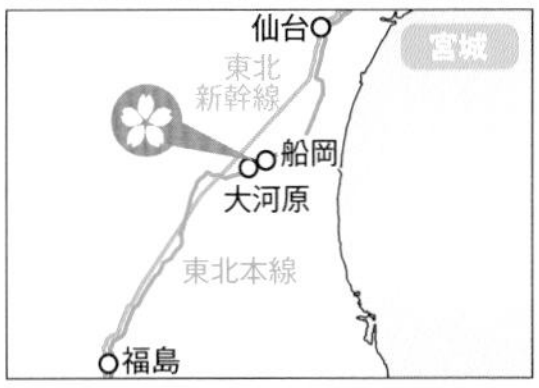

Photo●荒川好夫

仙台市地下鉄の地上部分と桜

地下鉄である仙台市交通局東西線。これが広瀬川を越えるわずかな区間だけ地上に顔を出す。大町西公園駅から徒歩５分の大橋から、桜ケ岡公園遺跡に咲く桜とともに収められる

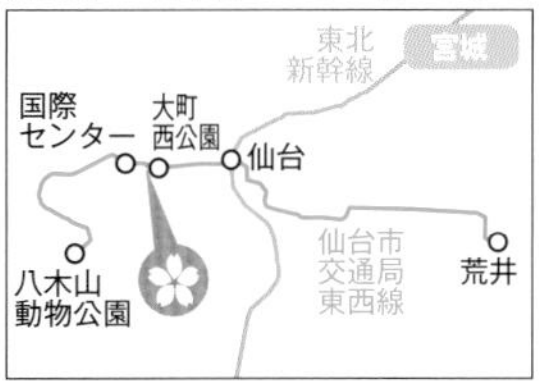

Photo●荒川好夫

トンネルに突入する新幹線

白石蔵王駅から約３km。金華山神社のある小高い山にあるトンネルを抜けるE5系＋E6系。撮影地はそれより西側にある山の斜面の住宅街から。このあたりには桜の木も多い

Photo●松本正敏

朝もやの中の一目千本桜

船岡駅より徒歩20分ほどの船岡城址公園からの俯瞰。城址公園内に咲き誇る桜から、白石川堤千本桜を一望できる。写真は朝もやの中走り抜けていく東北本線

Photo●松本正敏

烏帽子山千本桜と山形新幹線

赤湯駅より徒歩15分にある烏帽子山公園には、エドヒガンをはじめ樹齢百余年の枝垂桜やソメイヨシノなど約1000本が植えられており、E3系山形新幹線とともに撮影できる

Photo●猪井貴志

山形城の堀に映る桜と列車

山形駅から徒歩10分、東大手門にかかる橋からの景色。霞城公園（山形城）の桜と、左沢線/奥羽本線沿線に植えられた桜に挟まれたお堀と列車を撮影できる。写真はキハ101

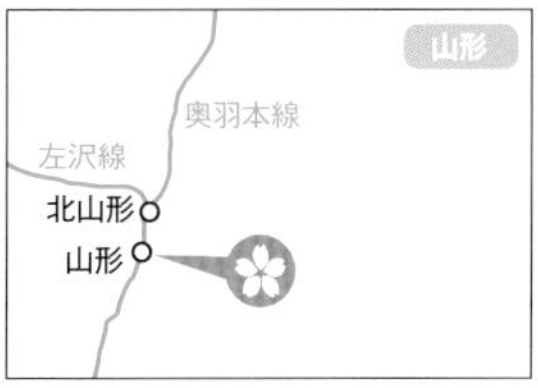

Photo●小林大樹

桜並木を背にするトラス橋

四季の里駅から徒歩10分ほどにある最上川の左岸から、トラス型の最上川橋梁を渡るYR-880形を捉えた。奥の桜は線路わきに植えられたもの。常緑樹とのコントラストが美しい

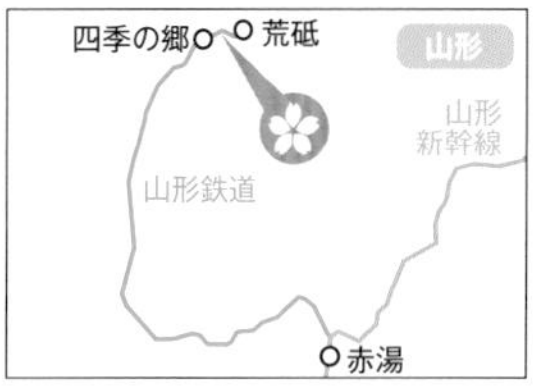

Photo●荒川好夫

鉄橋を渡る桜模様の列車

あやめ公園駅より徒歩13分の場所にある野川橋のあたりから、フラワー長井線の橋梁を狙える。野川の土手沿いには、比較的古木の桜並木が続いている

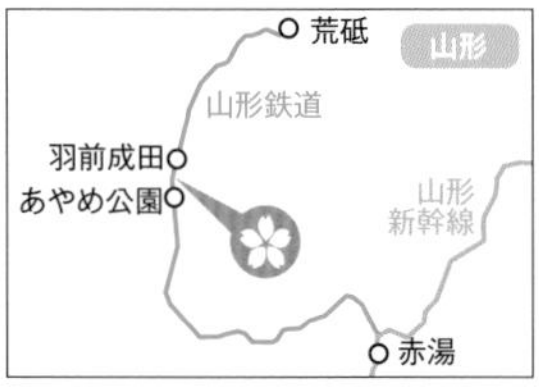

Photo●荒川好夫

駅構内に並ぶ八重桜

荻野駅の新津寄りの構内にある若いピンク色の八重桜の並木。線路と駐車場の間に咲いている。『SLばんえつ物語』と組み合わせて撮る人も多いが、青空とキハ48を収めた

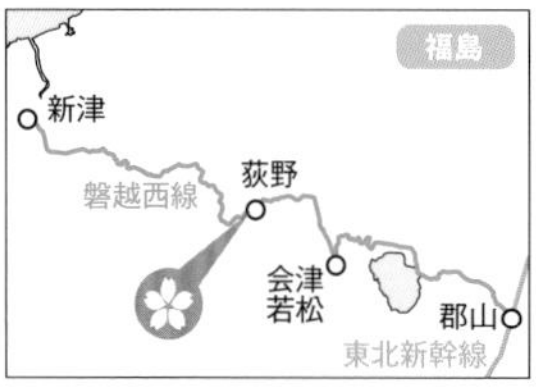

Photo●荒川好夫

山間と桜に包まれた鉄橋

会津柳津駅から徒歩15分ほどにある月光寺裏手の鉄橋が撮影地。鉄橋を包みこむ様に咲く桜が印象的。山の斜面のため、早朝以外はほぼ逆光となる難しいポイント

Photo●荒川好夫

線路わきに咲く枝垂れ桜

夏井川堤防に植えられたソメイヨシノや枝垂桜による千本桜が有名な夏井駅。駅やその周辺にも桜があり、駅至近の線路わきに咲く見事な枝垂桜を収めた

Photo●梅津 敦

空を行くような鉄橋

山都駅から徒歩20分ほどにある一ノ戸川橋梁。1908年に架橋され、当時は東洋一とうたわれた長さ445mの鉄橋。足元にある1本の高い枝垂桜と水仙が印象的。撮影は山都駅方北側

Photo●荒川好夫

日本唯一の茅葺屋根駅舎

湯野上温泉駅の駅舎を上りホームから捉えた。駅構内にはソメイヨシノの古木が並ぶ。４月の中旬～下旬にかけて、夜間のライトアップが行われる。車両はAT-750形気動車

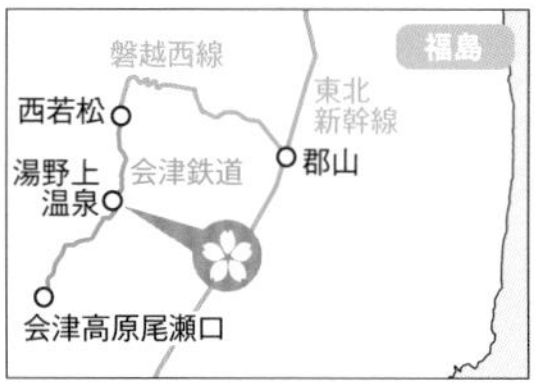

Photo●荒川好夫

関東

桜並木を駆け抜けるSL

北真岡駅から五行川まで連なる『SL・桜・菜の花街道』には、800本のソメイヨシノと200本の枝垂桜、時期によっては菜の花畑も広がる。力走するC12と桜並木を正面から捉えた

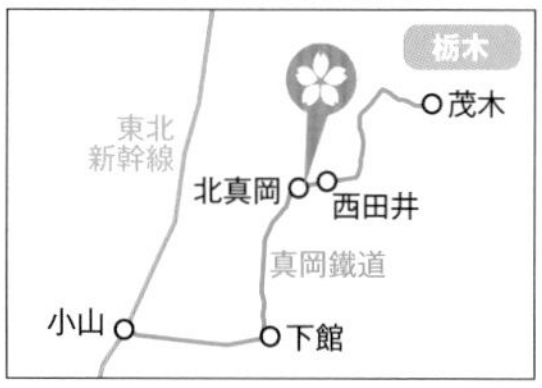

Photo●梅津 敦

明け方の桜と男体山

壬生駅から徒歩10分ほどにある黒川の河川敷から狙った景色。黒川にかかる橋梁と、土手に咲く桜、奥に見える男体山をフレームに収めることができる。車両は20400型

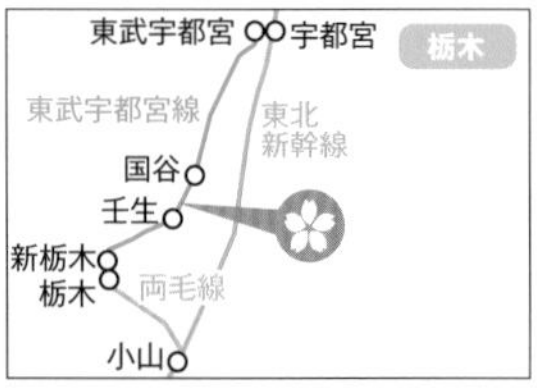

Photo●松本正敏

青空に映える桜花と駅名標

下館～茂木間を結ぶ真岡鐵道の中ほどにある寺内駅。木造駅舎の無人駅だが、駅構内にはソメイヨシノが植えられ、列車の来ないときにはローカルらしいのんびり感を味わえる

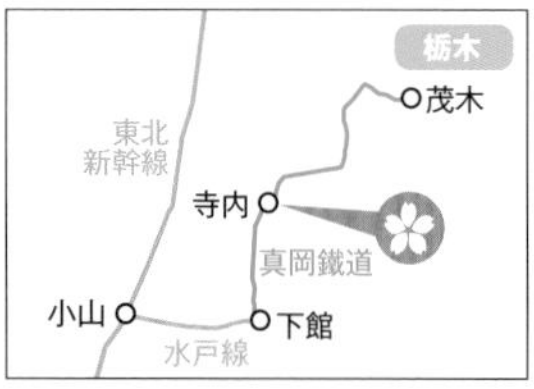

Photo●荒川好夫

押川橋梁と遊歩道の桜

茨城と福島を結ぶ水郡線のうち、福島県境に近い常陸大子駅。駅近くを流れる押川にかかる押川橋梁とそれと渡るキハE130形気動車を遊歩道に咲く桜とともに収めた

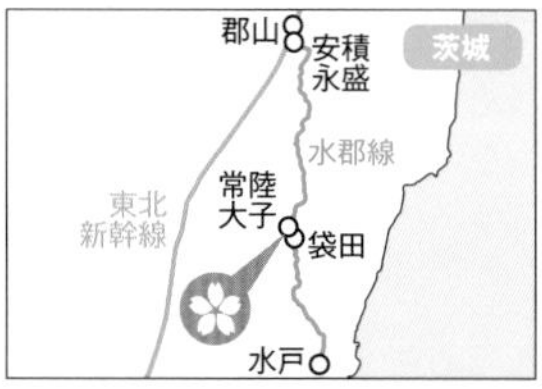

Photo●梅津 敦

道祖神を抱く桜の木

友部駅から徒歩15分ほど。住宅地を抜けて広がる田園風景の中に、常磐線を走る特急E657系と、４本の桜の木に囲まれるようにして道祖神が佇んでいる光景に出会える

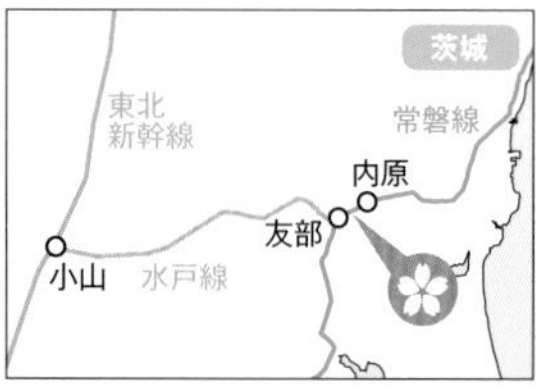

Photo●猪井貴志

参道の桜と高架上の機関車

延方駅近くにある、鹿嶋吉田神社へ連なる参道に咲く桜並木。道を横切る形で通る鹿島線の延方ガードの下から、走行するEF64型1000番台を桜と桜の隙間から広角で臨んだ

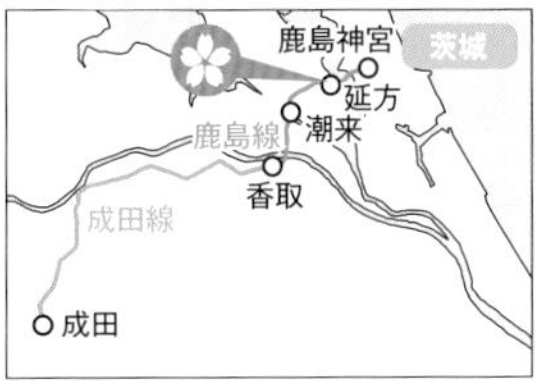

Photo●野口博司

デハ101形とソメイヨシノ

群馬県中南部の中央前橋と東部の西桐生を結ぶ上毛電鉄。桐生市の桜の名所である桐生市運動公園に咲くソメイヨシノの並木を背に走るデハ101形。1928年製造の古豪の車両

Photo●梅津 敦

桜と花桃の紅白模様

ソメイヨシノと花桃が入り混じって咲く神戸駅。沢入方面に向かって数百メートルも並木が続く。写真は駅の跨線橋から、わ89-300形とともに桜と花桃を捉えた

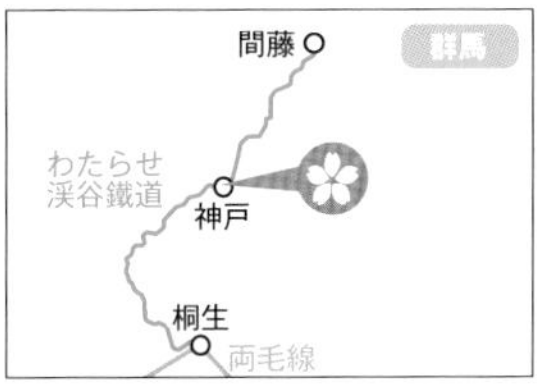

Photo●荒川好夫

トロッコ列車と満開の桜

小中駅から徒歩10分ほどにある、渡良瀬川にかかる松島橋が撮影地。小中駅方面にある元学校運動場の端に数本の桜の古木があり『トロッコわっしー』を迎えるように咲いている

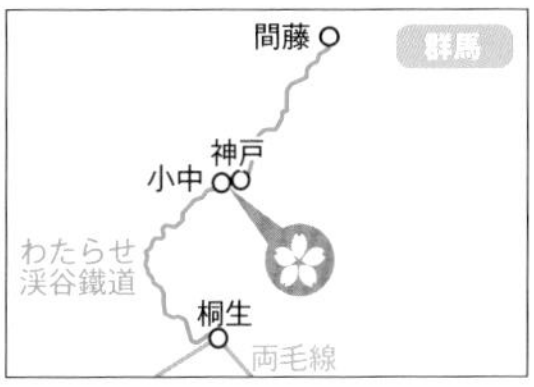

Photo●荒川好夫

桜と武甲山と『52席の至福』

横瀬駅と西武秩父駅の中間にある羊山公園が撮影地。秩父の桜の名所でもあり、ソメイヨシノ、枝垂桜、八重桜などが約1000本。武甲山と西武鉄道と桜をフレームに収められる

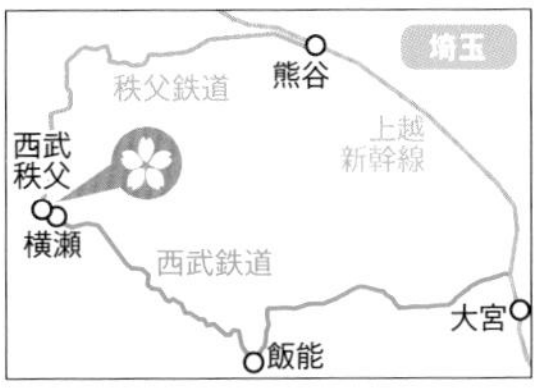

Photo●小林大樹

ピンクの車両とピンクの桜

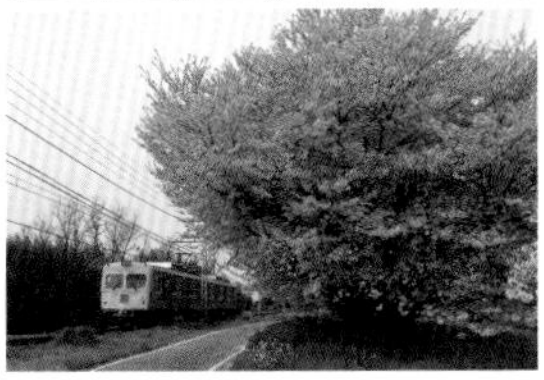

新屋駅より徒歩10分ほど。上毛線と並行する小道を行き、上毛線第61号踏切のわきに桜の並木がある。700形の車両のうち、ピンク色のフロントマスクのものを狙った

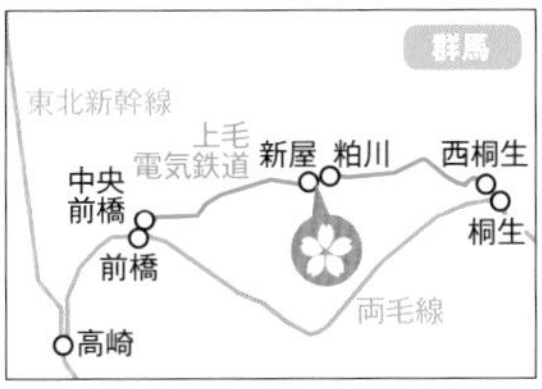

Photo●小林大樹

浅い河川敷とソメイヨシノ

柳瀬川駅より徒歩５分にある柳瀬川の土手が撮影地。河畔沿いには約170本あまりの桜が咲いており、見頃には露店などでにぎわうほか、夜にはぼんぼりによるライトアップも

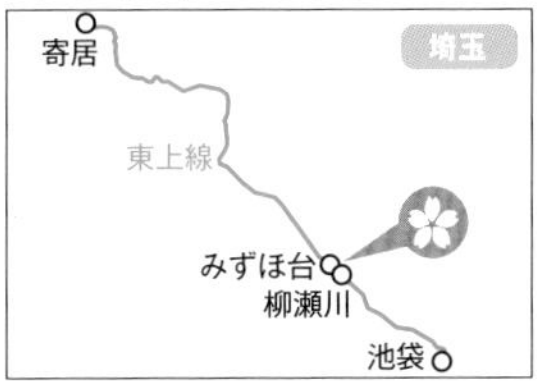

Photo●松本正敏

暗闇に浮かぶ水鏡の桜

飯給駅の線路から少し下がった場所に水田があり、桜の季節に代掻きを行うため、これが水鏡となる。夜には桜がライトアップされ、車両の窓明かりと共に印象的な光景が広がる

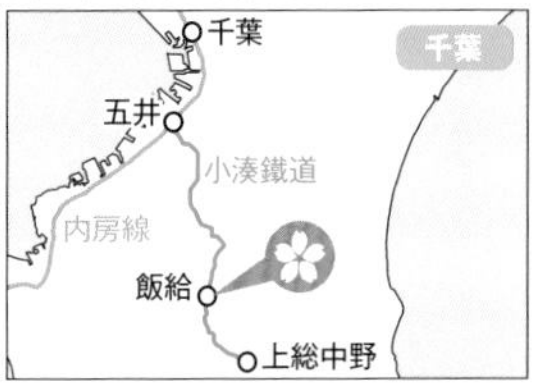

Photo●荒川好夫

石灰を運ぶ貨物列車と並木

日本さくら名所100選の１つ、長瀞の桜。長瀞～上長瀞にかけて桜の名所が続くが、撮影地は上長瀞駅近く、線路わきの桜の小道。薄明りの中を行くデキ500形と桜を撮影

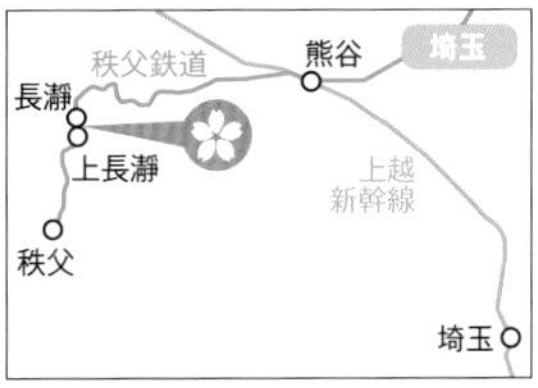

Photo●武 俊典

国鉄型の保存車両と桜

いすみ鉄道は大原～上総中野を結ぶ路線。国吉駅の構内にはソメイヨシノが咲いており、現行のいすみ350型とともに構内に保存されているキハ30形を収めることができる

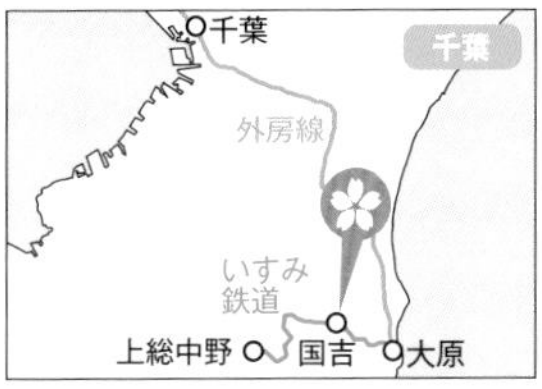

Photo●荒川好夫

夕刻の光、菜の花と桜

飯給駅徒歩１分にある県道160号の踏切から、入線してくるキハ200形を狙った。飯給駅には桜の古木と新木が混在しているほか、線路わきの菜の花が彩を重ねている

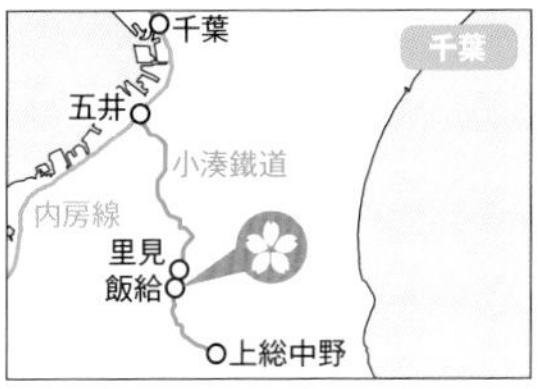

Photo●荒川好夫

都電と桜とアスカルゴ

王子駅から徒歩１分、北とぴあの展望台からの景色。桜スポットで有名な飛鳥山を回り込んでくる都電と、飛鳥山モノレール『アスカルゴ』を同時に捉えられる

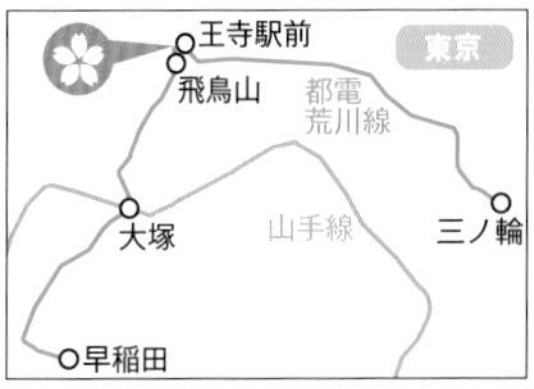

Photo●松本正敏

多摩川の鉄橋と神社の桜

多摩川駅徒歩５分にある丸子橋の上から、東横線の橋梁を狙った。多摩川の河川敷や、多摩川浅間神社敷地内の桜の木がフレームに入る。撮影した車両は5050系

Photo●小林大樹

井の頭線と神田川の桜

高井戸駅から徒歩５分ほどの沿線が撮影地。神田川沿いに樹齢40年ほどのソメイヨシノの並木道が続く。花が多く花影になりやすい。撮影車両は1000系

Photo●荒川好夫

検車区内部で花を咲かす桜

方南町駅から徒歩10分ほどの距離にある、丸ノ内線の中野検車区。敷地内の電留線の間に、ソメイヨシノの古木が２本ある。02系をメインに魚眼で捉えた

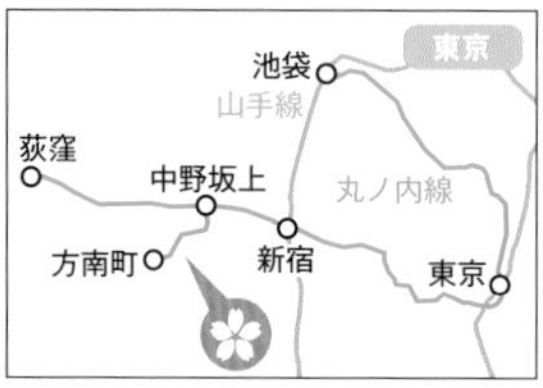

Photo●荒川好夫

鉄橋を包むような桜並木

戸部駅から徒歩２分、石崎川の左岸には桜並木が連なる。梅香崎人道橋からは、奥の鉄橋を走る京急が桜に包まれるような景色が臨める。撮影車両は600形＋1000形

Photo●横井規和

急峻な築堤に立つ桜

座間駅から徒歩15分ほどの場所にある、小田原線沿線の道路が撮影ポイント。線路が築堤になっており、見上げるような形になる。線路沿いには多くの桜の木が植えられている

Photo●荒川好夫

ライトアップされる河津桜

三浦半島の有名な桜スポット。２月上旬には開花する早咲きの河津桜が約1000本並んでおり、沿線からも車窓からも桜のトンネルが楽しめる。夜にはライトアップも行われる

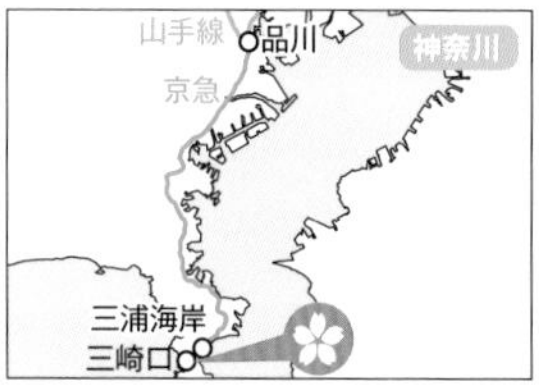

Photo●武 俊典

宿河原用水の小さな鉄橋

宿河原駅から徒歩10分ほど、登戸駅とのほぼ中間地点にある宿河原用水（二ヶ領用水）を渡る鉄橋が撮影ポイント。宿河原用水沿いには約400本の桜が植えられている

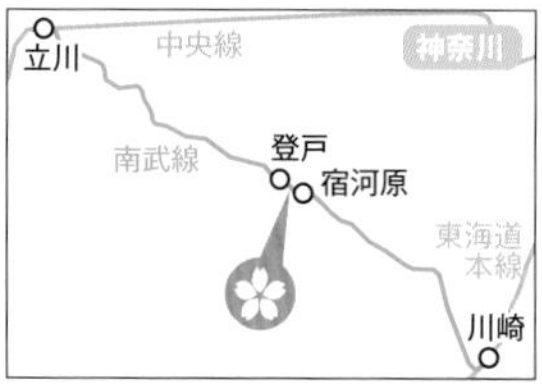

Photo●小林大樹

青い海とトンネルと桜

早川駅と根府川駅のちょうど中間地点ほどにある、文三堂あたりのミカン畑が開けたあたりがポイント。斜面に咲く桜と相模湾、トンネルと『スーパービュー踊り子』を撮影

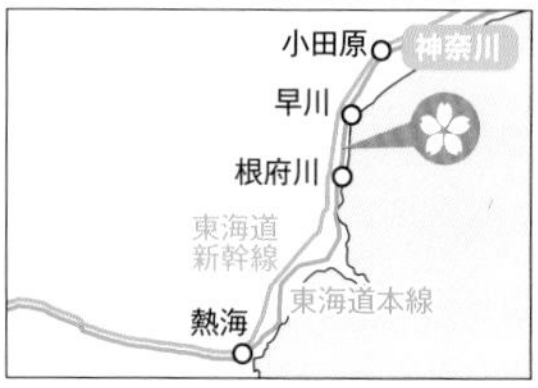

Photo●松本正敏

掘割を進む『特急ふじさん』

山北駅から徒歩20分ほどの距離、御殿場線がトンネルに入る部分の上を通る道から、山北方面を見下ろすようにして60000形を撮影。道路の脇に立派な桜の大木がある

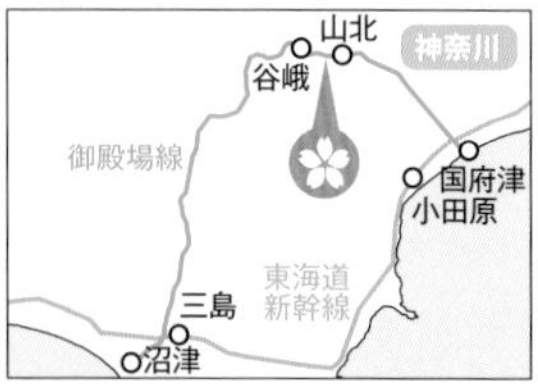

Photo●小林大樹

トンネルから現れるN700S

早川駅から2.5kmほどの場所にある、撮影地では有名な石橋地区。海岸側に向けて山への道を上ったところから撮影。トンネル間の地上区間を通る東海道新幹線を狙える

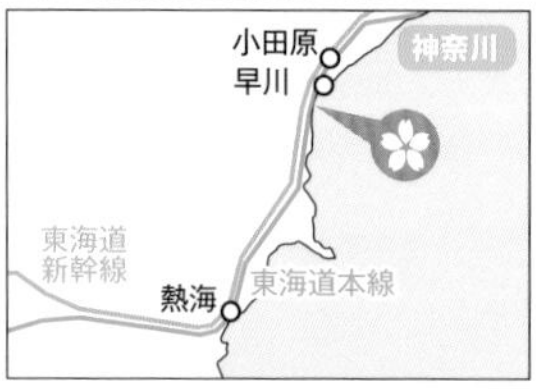

Photo●松本正敏

光に浮かび上がる夜桜

掘割状になっている弥生台駅には、ホーム両脇を囲うように約50本の桜が植えられている。夜になるとこれらの桜がライトアップされる光景が見られる。写真の車両は9000系

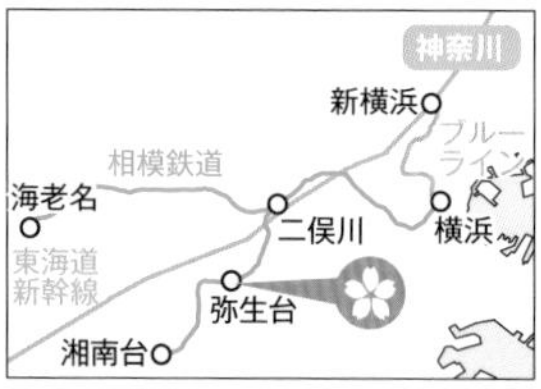

Photo●横井規和

中部

糸魚川を渡る鉄橋と姫川の桜

糸魚川駅から徒歩30分にある、姫川の河川敷が撮影ポイント。河川敷が『姫川さくら公園』となっており、河口から2kmにわたって約500本のソメイヨシノが植えられている

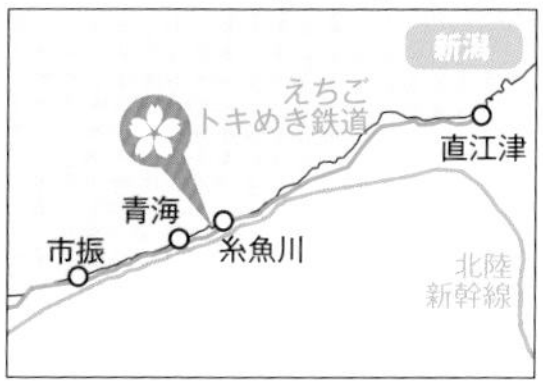

Photo●松本正敏

淡色に包み込まれた駅舎

咲花駅構内を出てすぐの沿線に桜の木がある。写真は東方の踏切から駅方面を狙った。日没後の淡い光の中に浮かび上がる桜色の花と、キハ47の輝くテールライトを狙った

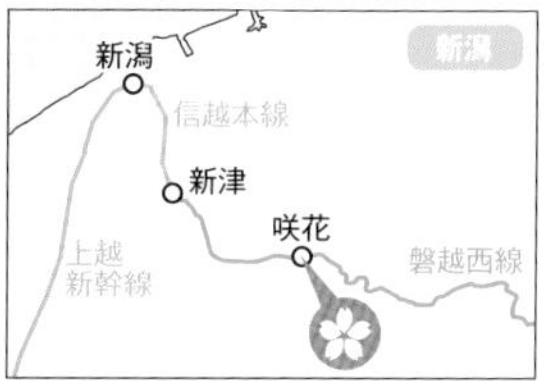

Photo●荒川好夫

『SLばんえつ物語』と桜並木

咲花駅からすぐ、上り方に桜の並木が2～300m続く。撮影ポイントは、温泉街の中にある線路横の築堤法面。撮影車両はC57-180で、駅発車による煙の高さを期待した

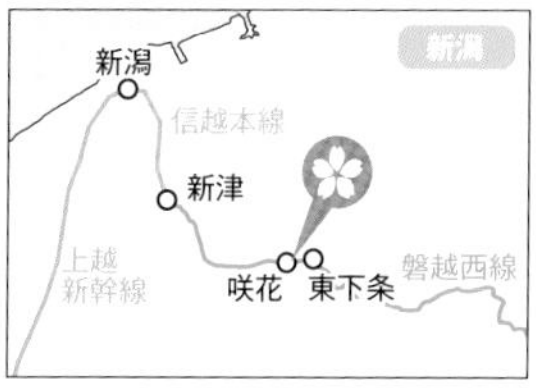

Photo●荒川好夫

背後に山を臨む羽越本線

加治駅から徒歩20分ほどにある加治川の堤みより、羽越本線の橋梁を狙った。加治川の土手には桜並木が続くほか、遠くに二王子岳や飯豊山などが臨める

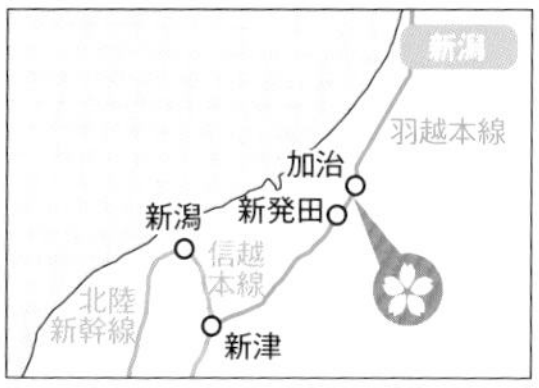

Photo●荒川好夫

力強く咲き誇る駅の桜

分水駅の２番ホーム側には、およそ200mにわたって桜並木が続いている。つばめ桜まつりの期間中は、ライトアップもされる。強風に揺らぐ桜花と駅名標を狙った

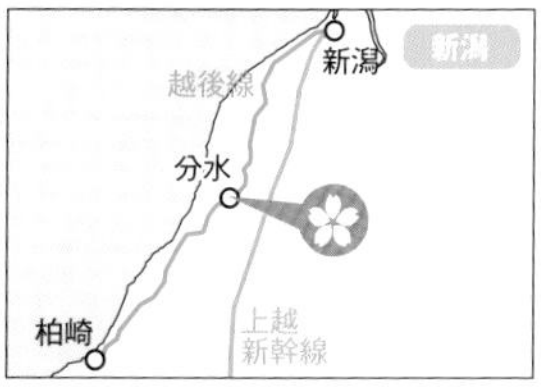

Photo●荒川好夫

田園を進むローカル列車

寺泊駅から徒歩30分ほどにある、大河津分水路の堰堤が撮影ポイント。左岸に咲く桜をメインに、奥に越後線を臨むようにして撮影。115系の変更された塗色を狙った

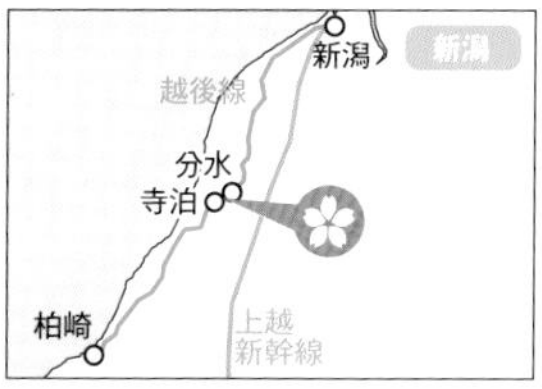

Photo●荒川好夫

舞い散る桜と去り行く車両

越後下関駅から徒歩20分ほど。荒川、国道、旧国道と山との間に挟まれるように米坂線が通っている。散り始めた花弁が走り去る列車に吸われる様子を撮影

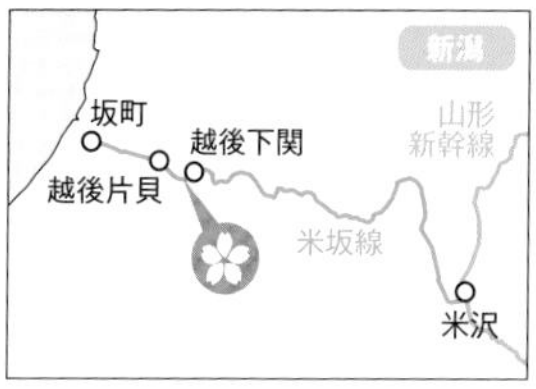

Photo●荒川好夫

桜の中、湾を渡る路面電車

中新湊駅から徒歩10分ほど。放生津内川の橋梁を渡る万葉線が狙える ポイント。川沿いに小ぶりな桜並木が続くほか、遠く東方向には立山連峰が広がっている

Photo●松本正敏

かつての特急と枝垂桜の古木

釜ヶ淵駅から徒歩５分ほど。広がる畑の脇にひっそりと佇むように植わっている１本の枝垂桜の古木と、西武鉄道『レッドアロー』で使われ転籍となった16010系を収めた

Photo●松本洋一

北陸新幹線を眼下に臨む

富山駅から約３kmにある呉羽山展望台付近から、立山連峰とともに北陸新幹線と高山線が臨める。呉羽山にはソメイヨシノやエドヒガンサクラが約500本植えられている

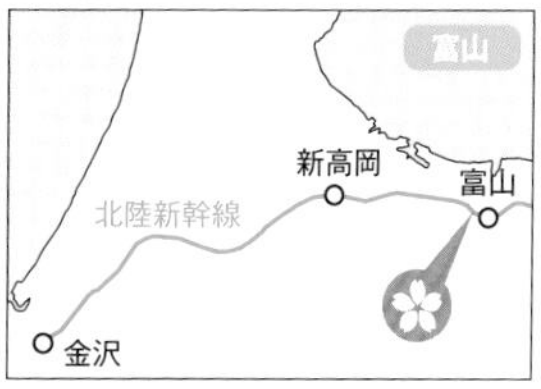

Photo●松本正敏

路面電車と遊覧船

桜橋停留所から徒歩１分。松川にかかる桜橋の上を走る市内線の車両が撮影できる。松川沿岸は日本さくら名所100選の１つ。川面を行くのは、松川茶屋発着の松川遊覧船

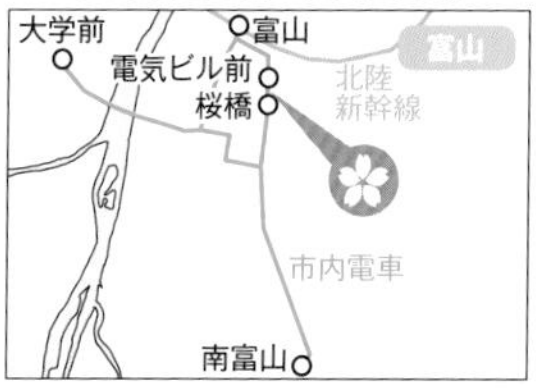

Photo●松本正敏

県道沿いの枝垂桜の巨木

津幡駅から徒歩約30分、県道215号とIRいしかわ線が並走している区間に撮影ポイントがある。喫茶店の駐車場わきに立派な枝垂桜の巨木が1本。撮影したのはEF510牽引の貨物列車

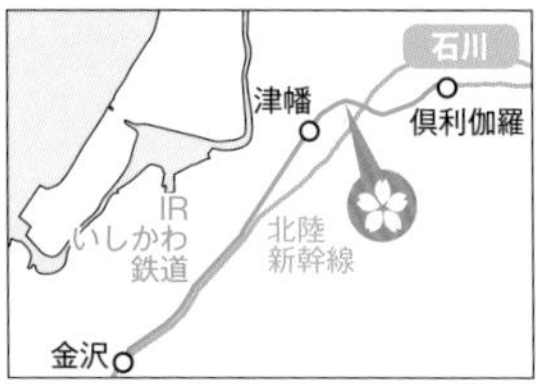

Photo●松本正敏

桜花に包まれる能登の駅

能登鹿島駅は別名『能登さくら駅』と呼ばれる有名なスポット。構内に約100本の桜の木が植えられており夜にはライトアップがされる。4月中旬には桜祭りがおこなわれる

Photo●松本洋一

倶利伽羅駅構内の桜並木

倶利伽羅駅の構内、線路端南側にある桜並木。すぐ裏が駐車場となっており、撮影はそこから行える。午前中はこの場所、午後は津幡寄りの跨線橋から撮影するとよい

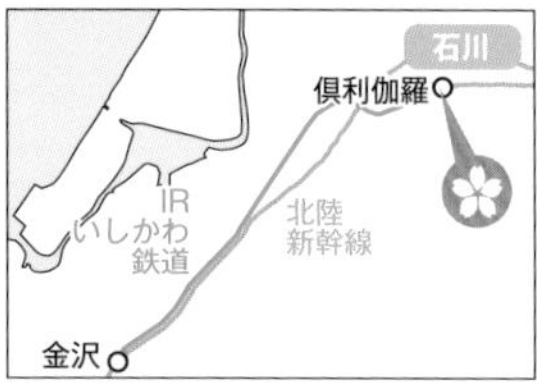

Photo●松本正敏

三谷川沿岸の桜並木

大聖寺駅から徒歩15分ほどにある三谷川（大聖寺川の支流）の土手に立つ桜並木から、北陸本線を狙える。ただし北陸新幹線延伸工事の影響で、桜を絡める撮影は厳しくなっている

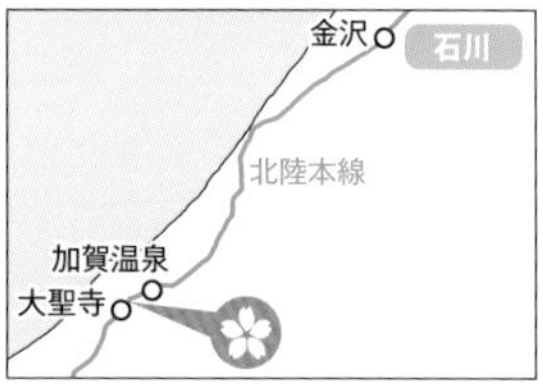

Photo●松本正敏

鉄橋にかぶさるような桜

永平寺口駅から徒歩5分。永平寺川を渡る鉄橋が見えるポイントがあり、熊野神社のある山から連なる川岸に大きな桜の木が数本立ち並んでいる。撮影車両は7000系

Photo●小林大樹

琵琶神社裏を走る路面電車

神明駅から徒歩10分にある琵琶神社の境内が撮影ポイント。境内が福井鉄道の築堤と隣接しているため、境内にある桜と福井鉄道の車両を見上げるように狙える

Photo●松本正敏

九頭竜川の鉄橋とローカル線

勝原駅から徒歩3分の場所に、九頭竜川を渡る越美北線の鉄橋がある。その手前には西勝原発電所周辺に並ぶ桜の木々があり、鉄橋を渡るキハ120形と桜の景色が撮影できる

Photo●松本洋一

葡萄畑のなかの桜

勝沼ぶどう郷駅から徒歩15分ほどに撮影ポイントがある。写真は線路東側の道路から捉えた桜と211系。駅周辺には多くの桜並木があるほか、甚六桜で有名な甚六桜公園もある

Photo●松本正敏

俯瞰から臨む超電導リニア

山梨リニア実験線を撮れるスポットはいくつかあるが、桜を絡めて撮ろうとするとなかなか難しい。この場所は花鳥山展望台の駐車場。中央アルプスとリニアが臨める

Photo●荒川好夫

富士急行と桜と富士山

三つ峠駅から徒歩15分程度の距離にある、周囲が田んぼと民家に囲まれた道路が撮影ポイント。富士山がしっかりと入りこむ絶好地だが桜は少量。車両は1200形マッターホルン

Photo●松本正敏

E353系と桂川の水鏡

上野原駅から徒歩10分程度。県道35号に沿って桂川を渡り、桂川野球場の裏手あたり。桂川沿いに桜並木ががあり、水面が鏡となって桜や高架の上の車両が映りこむ

Photo●松本正敏

枝垂桜の並木と383系特急

安茂里駅より徒歩10分、裾花川の川堤沿いに枝垂桜の並木道が続いている。その数は約30本。土手からは裾花川を渡る信越本線の鉄橋と、その奥にある北陸新幹線の鉄橋が見える

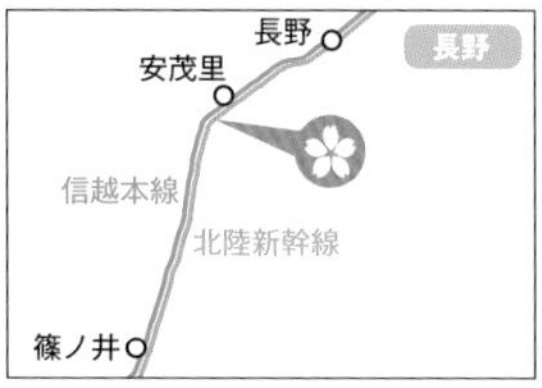

Photo●猪井貴志

383系特急と日本三大車窓

『日本三大車窓』の一つ、姨捨駅から見下ろす善光寺平の景観。その駅から徒歩3分、線路わきの斜面に大きな桜の木が1つと、寄り添うように3本ほどの桜が並んでいる

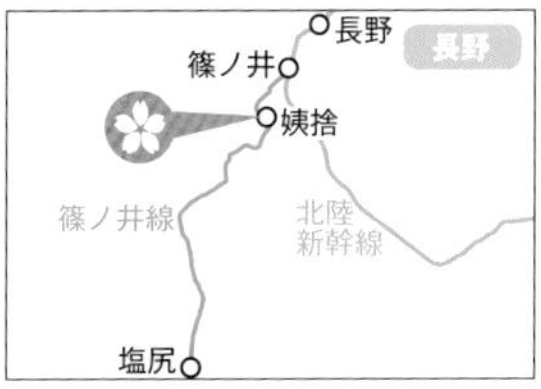

Photo●猪井貴志

聖徳寺の枝垂桜と高架

田切駅の目の前にある、阿弥陀如来を本尊とする聖徳寺。その境内に枝ぶりの立派な枝垂桜があり、境内の建物とともに高架を走る飯田線の列車を重ねて撮ることができる

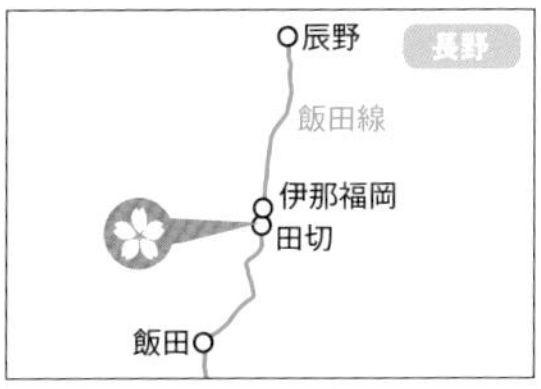

Photo●猪井貴志

間近に貨物車両が見られる公園

南松本駅の南側にある南部公園内からHD300を撮影。公園内にはソメイヨシノや枝垂れ桜などが植えられている。南松本は貨物駅でもあり、貨物の入れ替えが頻繁に行われている

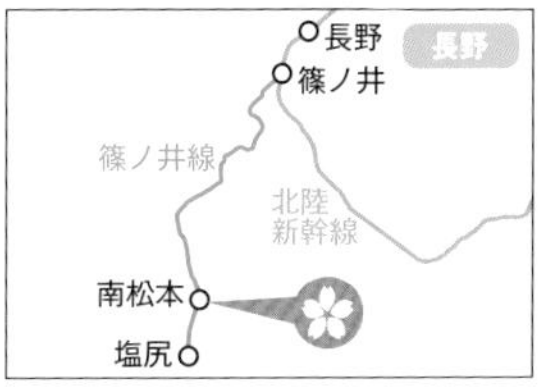

Photo●小林大樹

松本市内を渡る3000系

西松本駅から徒歩3分ほど。目の前にある田川の河川敷にかかる渚橋のたもとが撮影ポイント。元京王3000系が鉄橋を渡る様子を撮影。堤防にはソメイヨシノが数本並んでいる

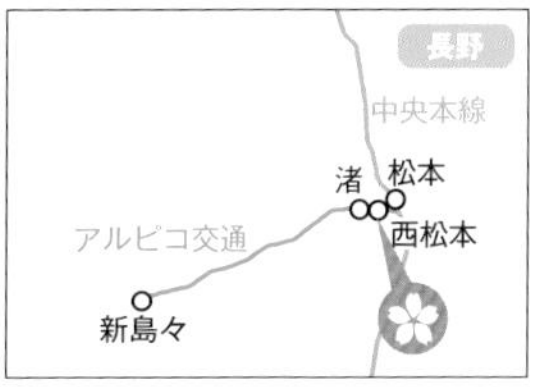

Photo●小林大樹

虹と桜と八ヶ岳と小海線

八千穂駅はホーム裏の斜面に沿うように桜並木があるほか、駅舎側にも桜の木がある。写真は駅東側の高台から八ヶ岳とともに撮影。ちょうど空に虹がかかったタイミング

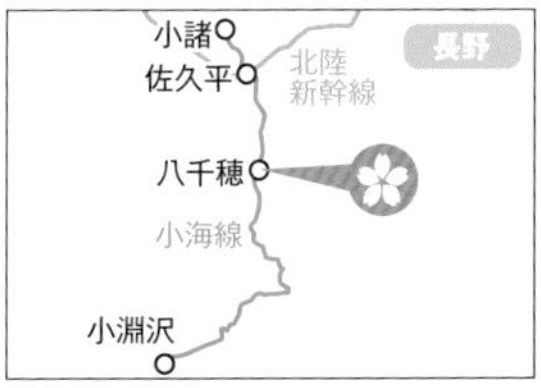

Photo●松本正敏

飛騨川沿いの桜並木と特急

下呂駅から焼石駅方面に約5kmのところにある飛騨川橋梁を渡るキハ85系による特急列車『ワイドビューひだ』。飛騨川をわたり、釣鐘トンネルに入る手前を桜並木と共に撮影

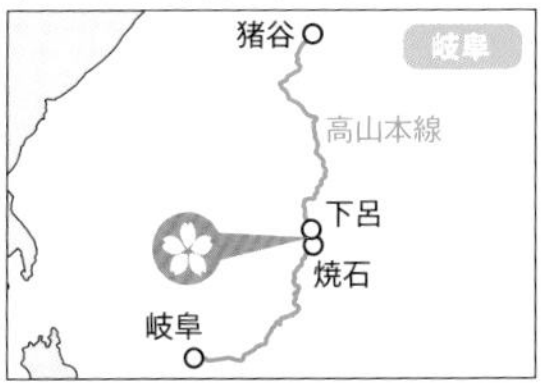

Photo●梅津 敦

あたり一面桜に包まれた駅

桜に全てを包みこまれたような駅となっている谷汲口。写真は駅外れの道路からホーム側を狙ったもの。写真の『うすずみ観桜号』ハイモ295-510の撮影時には雪が降っていた

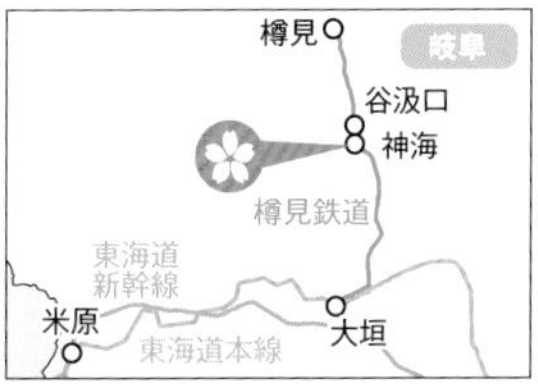

Photo●小林大樹

長良川わきの桜と『ながら』

自然園前駅から徒歩10分、線路に並走する国道156号脇からの景色。周囲には数本の桜があるほか、線路の奥には長良川が流れている。観光列車『ながら』とともに収めた

Photo●松本洋一

高峰山を背にする中央本線

落合川駅のすぐ裏手にある木曽川沿いは桜のスポットとなっている。しかし写真の場所は駅から徒歩15分ほど、民家と段々畑の続く道を行った先に現れる、里山の春の光景

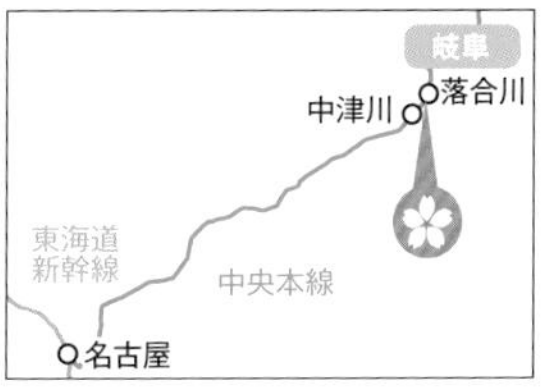

Photo●猪井貴志

桜並木の中の名鉄

笠松駅のすぐ裏手にある笠松競馬場の駐車場近く、線路が築堤になっている所が撮影ポイント。駐車場を囲うように桜が植えられているほか、築堤も桜並木となっている

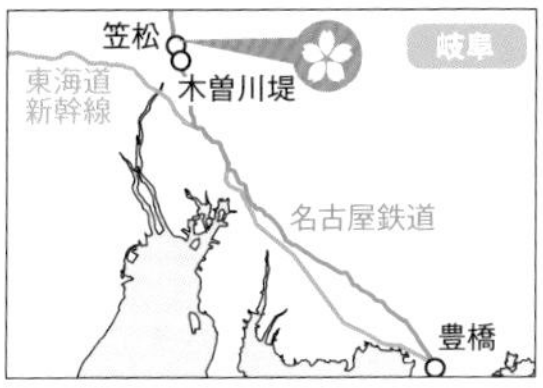

Photo●小林大樹

築堤にそびえたつ1本桜

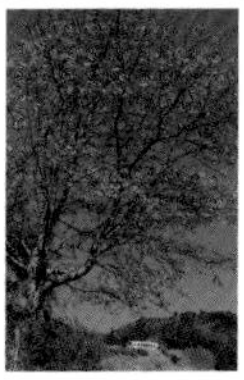

フルーツパーク駅から徒歩5分のところに、高い築堤の上を線路が通るポイントがある。かつてはここをC58後補機が走った。周りは田んぼだが、急斜面に1本の立派な桜がある

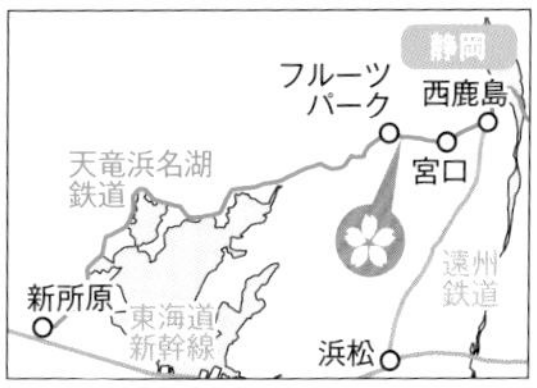

Photo●荒川好夫

早咲きの桜とリゾート21

河津駅から徒歩5分ほど。河津川にかかる鉄橋と、堤防に咲く早咲きの河津桜を収められるポイントがある。河津川沿いには約4kmにわたり、約850本の河津桜が植えられている

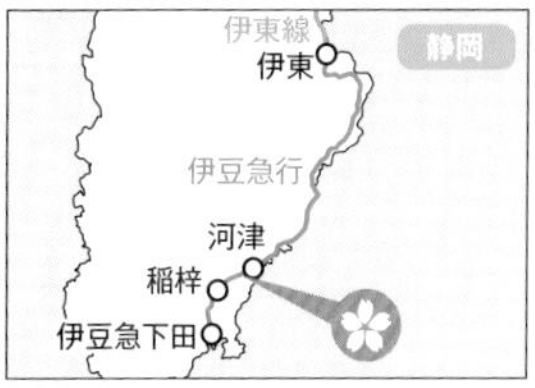

Photo●小林大樹

山間の鉄橋を抜けるSL

川根温泉笹間渡駅から徒歩３分ほど。大井川の支流である笹間川にかかる鉄橋と山の斜面を捉えた。咲いているのは早咲きの桜で、車両はC11の『急行かわね路』

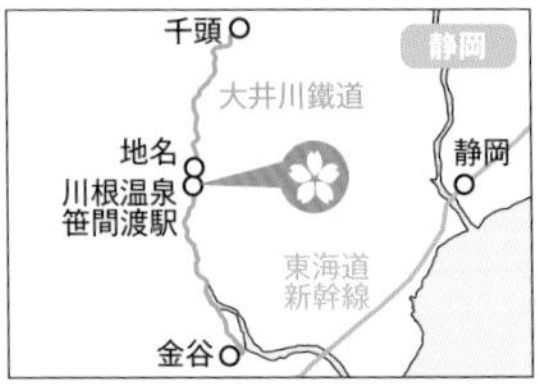

Photo●荒川好夫

桜が覆う水路と名鉄

岡崎公園前駅より徒歩５分。岡崎公園の一角で、乙川へ注ぐ水路から乙川を渡る鉄橋を狙える。線路は岡崎公園より南に位置しているため始終逆光。桜は公園側に集中している

Photo●松本正敏

坂の上から臨む環状線

新豊田駅と新上挙母のちょうど中間あたりにある豊田市美術館の前の坂道。美術館の前には緑地スペースがあり、そこに桜が咲いている。写真は新豊田駅方向を向いてのもの

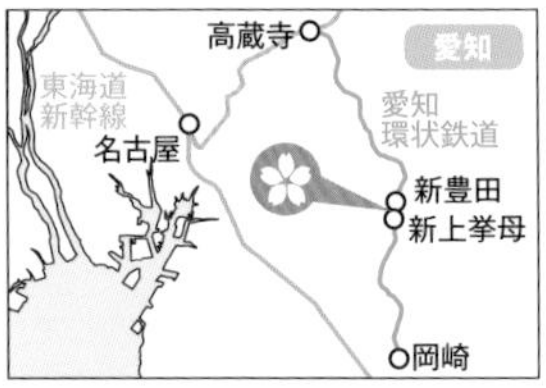

Photo●松本正敏

関西

海蔵川の鉄橋と近鉄

川原町駅から徒歩10分、海蔵川の河川敷から川を渡る名古屋線の鉄橋を狙える。この河川敷は1.4kmほどに渡って約420本の桜並木が続く。開花の時期にはライトアップが行われる

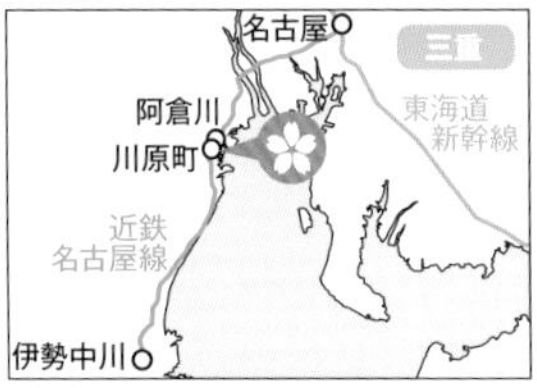

Photo●松本正敏

狭小車両とリバイバルカラー

軌道幅762mmの特殊狭軌で運行される、日本でも珍しい北勢線。東員駅近くにある桜のスポット・戸上川堤を渡る戸上川橋梁にて、三重交通時代の塗色をした200系車両を撮影

Photo●鈴木敏行

鉄橋を渡る重連電気機関車

大安駅より徒歩10分ほどにある大安スポーツ公園内から、宇賀川にかかる鉄橋を走るED45の重連を狙った。桜はスポーツ公園内に数本と、土手にも姿が見られる

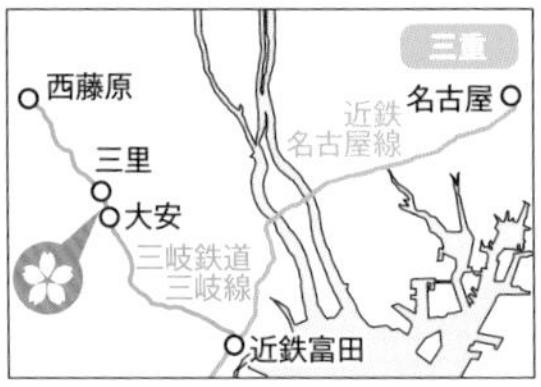

Photo●荒川好夫

林立する桜を抜ける気動車

伊勢柏崎駅付近、大内川沿いの土手のあたりから撮影。大内川の堤防には約400メートルにわたって100本近い桜が植えられている。撮影車両はキハ25-1000

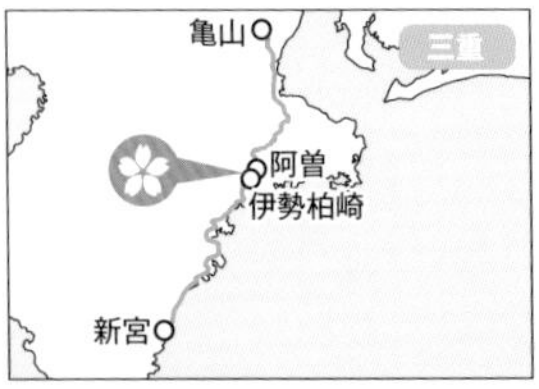

Photo●小林大樹

伊吹山と桜とN700系

岐阜羽島～米原間、東海道本線の近江長岡駅近くの天野川沿い。堤防には桜並木があり、伊吹山をバックに東海道新幹線を撮影できるのがポイント。撮影車両はN700系

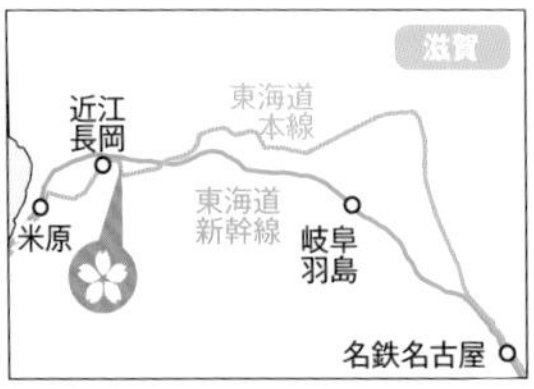

Photo●小林大樹

築堤を駆け抜ける北陸本線

高月駅から徒歩15分ほど。日本電気硝子 滋賀高月事業場の駐車スペースに隣接する小さな公園から撮影。線路が一段高くなっており、公園内には桜の木が２本植えられている

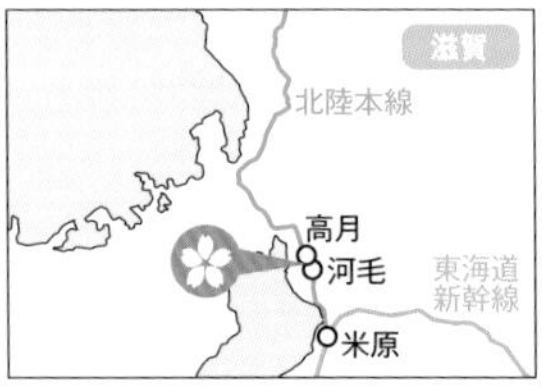

Photo●松本正敏

雨の中の信楽高原鉄道

雲井駅構内の広場の隅から、紫香楽宮跡前方面から入線してくるSKR-500を狙った。沿線はちょっとした桜並木になっている。そぼ降る雨のしっとり感を出そうとした

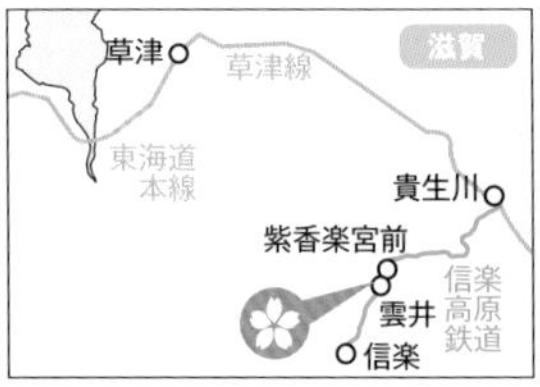

Photo●小林大樹

林立する桜並木を駆ける嵐電

宇多野駅から徒歩４分ほどの地点から、宇多野１号踏切までの間は沿線の両側をひしめくように桜が咲いている。普段は立ち入り禁止でも桜の時期だけ入れる場所がある

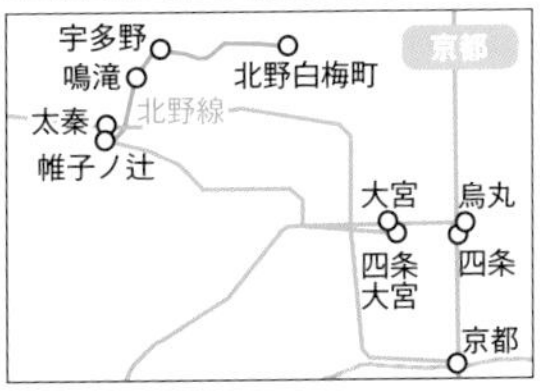

Photo●小林大樹

桜のトンネルを抜けるトロッコ

トロッコ亀岡駅のホームから臨む景色。亀岡駅手前には桜のトンネルがあり、それを抜けてくるトロッコを狙った。車両は保津峡寄りにDE10型DLをつないだSK100形客車の５両編成

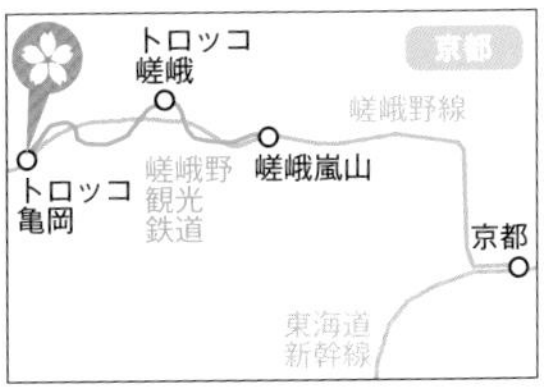

Photo●松本正敏

高さ39mの橋梁と沿岸の桜

下山駅から徒歩10分ほどの距離にある、高屋川橋梁。山と山の間を渡すような高い橋梁と、その下を流れる高屋川の沿岸に咲く桜を287系特急列車とともに撮影

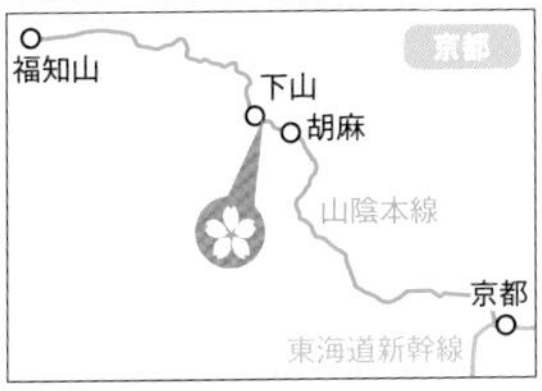

Photo●松本洋一

桜に包まれた十石舟と車両

中書島駅から徒歩３分にある宇治川の支流・濠川は、川沿いに桜並木が広がる。川には観光用の十石舟が浮かべられているほか、橋梁を走る1000系などの車両とともに撮影できる

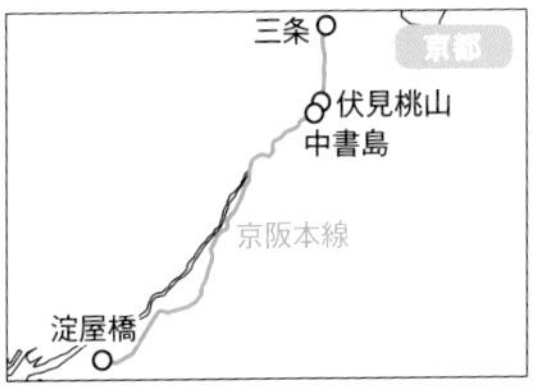

Photo●松本洋一

大川の桜並木と京阪8000系

天満橋駅を出てすぐの天満橋から、大川と合流する寝屋川上の橋梁を通る京阪本線8000系を捉えた。大川沿岸には約４kmにわたって桜並木が続き、大阪の桜の名所として知られる

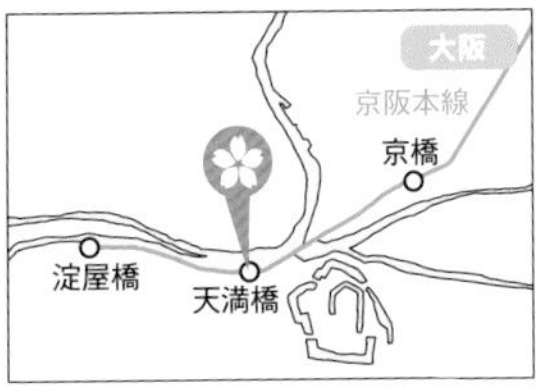

Photo●松本洋一

丘の上の桜並木からの阪急

河内森駅から住宅街を抜け、小高い丘の上に向かう道路沿いに桜並木が広がる。手前に広がる畑と、その奥に連なる住宅街、行き交う13000系と10000系阪急電車を捉えた

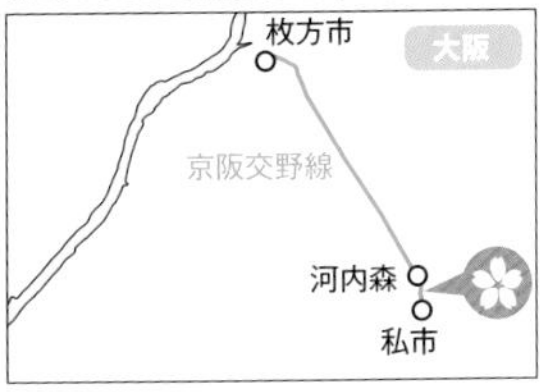

Photo●松本洋一

桜の上の鉄橋を走る321系

桜ノ宮駅から徒歩１分にある源八橋から、大川を渡る鉄橋の上を走る大阪環状線を撮影。大川の両岸には４kmにわたって桜並木が広がっており、迫力の光景を押さえられる。

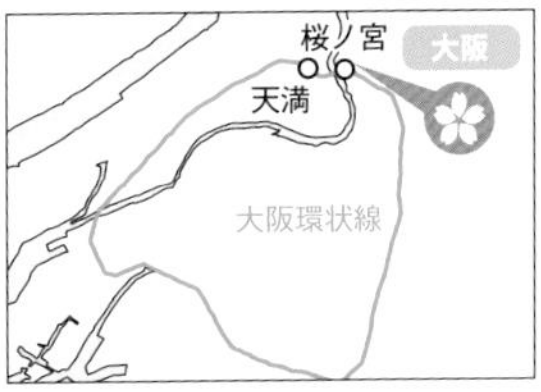

Photo●松本洋一

雨の中の桜と鉄道

笠置は、周辺一帯が日本さくら名所100選に選ばれており、撮影ポイントが豊富。写真は笠置駅の跨線橋から、大河原方面から入線してくるキハ120を狙ったもの

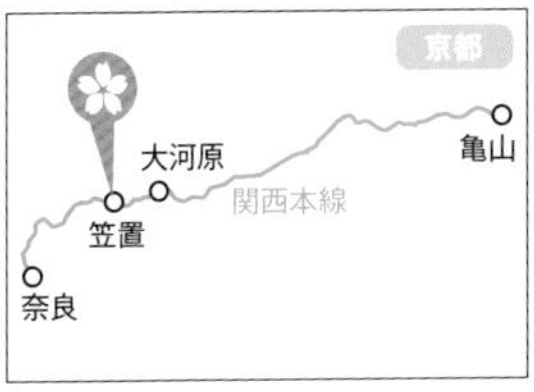

Photo●小林大樹

朝靄とともに走る姫新線

三日月駅から徒歩で約30分、志文川と新姫線が隣接するあたり。一段高くなった線路と広がる畑の中で、志文川堤防桜並木が重なる。写真は朝霧が晴れていく中のキハ122系

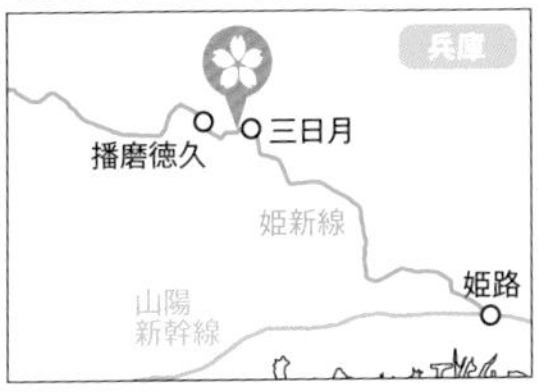

Photo●松本正敏

桜の回廊と289系特急

草野駅近くを流れる武庫川の河川敷からの景色。下流は瀬戸内海、上流をたどると日本海に通ずる河岸には『兵庫県ふるさと桜づつみ回廊』として約５万本の桜が植えられている

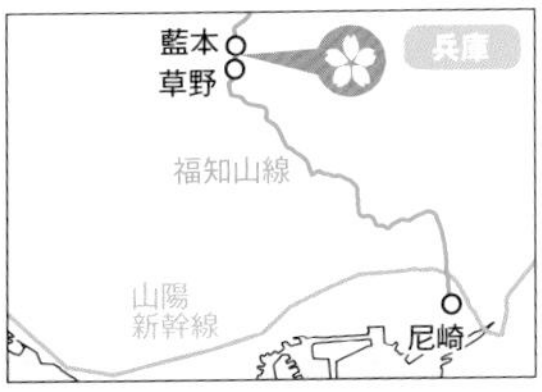

Photo●猪井貴志

満開の桜と夙川を渡る車両

苦楽園口から徒歩５分ほどに、夙川河川敷緑地内にある、夙川を渡る小さな鉄橋がある。敷地内には多数の桜があり、満開の桜で埋め尽くされた夙川を渡る阪急電車を狙える

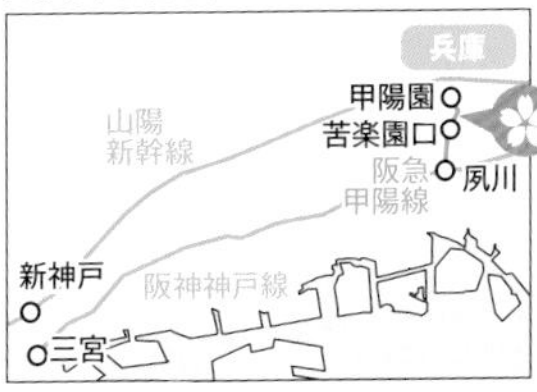

Photo●松本洋一

矢田川の鉄橋と桜

香住駅から徒歩５分ほど。矢田川を渡る矢田川橋梁と、川沿いに並ぶ桜並木を狙った。桜は両岸のほか背後の山にもある。撮影車両はキハ189系『特急はまかぜ』

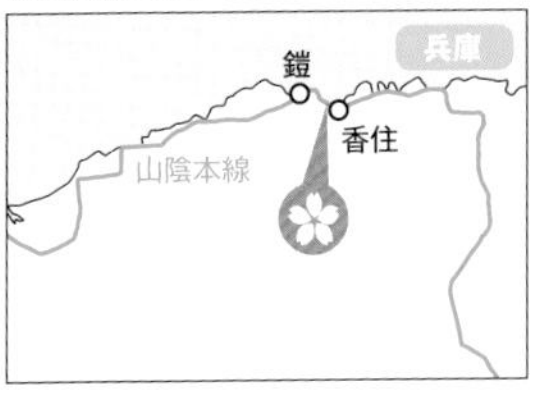

Photo●松本正敏

日本のへそにある桜並木

日本標準時子午線である東経135度、日本の中心寄りを通る北緯35度の交点であることから日本のへそとされた地点の最寄り駅・日本へそ公園駅。駅すぐの沿線に桜並木がある

Photo●松本洋一

トラス橋を渡るスーパーはくと

上郡駅から徒歩20分ほど、県道90号沿いに行くと智頭急行と安室川が並走する区間が訪れる。安室側が陸地に食い込んでいる部分に鉄橋がかかり、手前に桜並木がある

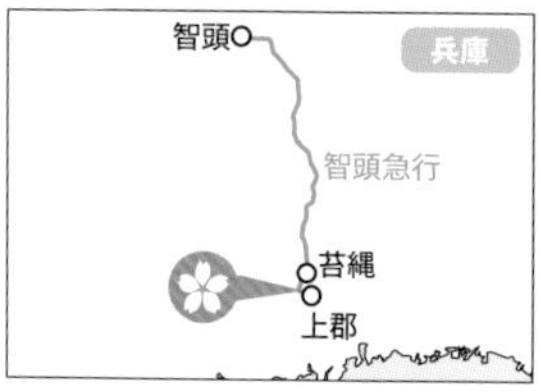

Photo●松本正敏

夜空に浮かぶ桜と三重塔

法華口駅から徒歩３分ほどの踏切から撮影。駅には数本の桜の木がある。また駅舎の脇には、法華山一乗寺にある国宝の三重塔を模した、法華口三重塔が設置されている

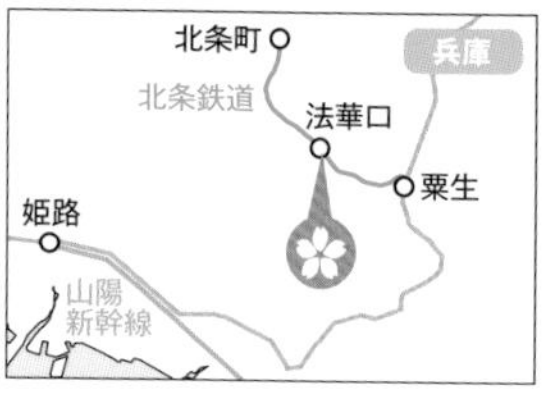

Photo●松本洋一

桜に埋もれるさくらライナー

高田市駅から徒歩10分。高田川に架かる橋から、近鉄南大阪線の橋梁が臨める。高田川の両岸には桜並木が密集するように咲いている。26000系さくらライナーとともに撮影

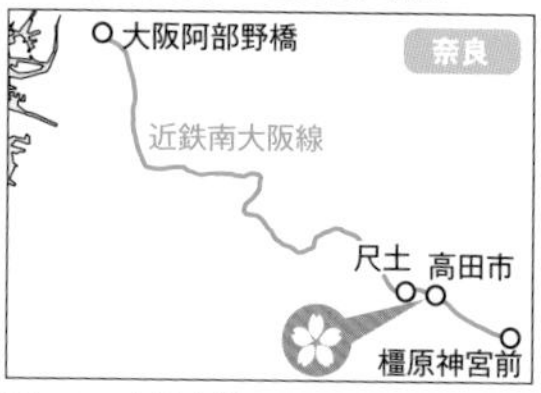

Photo●小林大樹

大和郡山城の枝垂桜

近鉄郡山駅から徒歩10分。さくらの名所100選の一つ、大和郡山城跡公園。郡山城内の追手東隅櫓の脇から、枝垂桜とともに近鉄橿原線をフレームに収められる

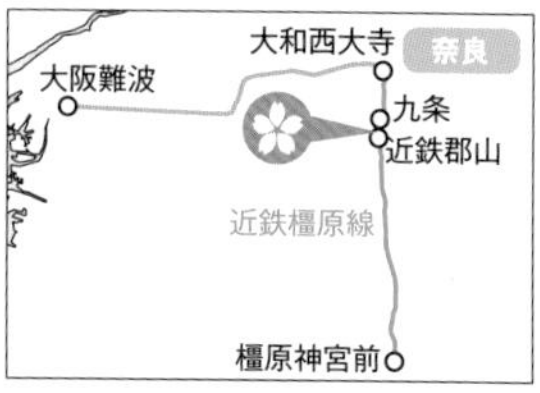

Photo●小林大樹

桜並木を照らすヘッドライト

御所駅から徒歩５分、和歌山線と柳田川が並走する区間が現れる。柳田川の川岸には桜並木があり、遊歩道から両者をフレームに収めることができる。撮影車両は227系1000番台

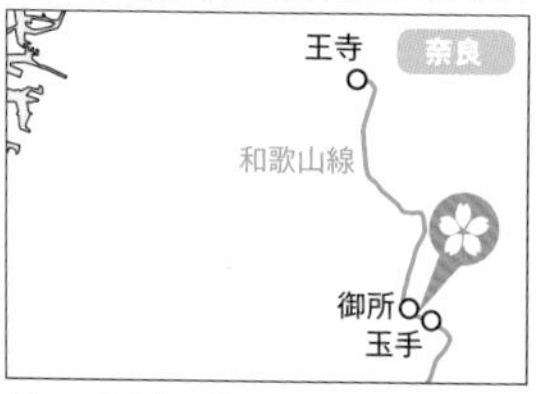

Photo●小林大樹

急勾配区間を走る特急

九度山駅近く、高野線と並走する国道370号沿いから、土手の上を走る30000系『特急こうや』を見上げるように撮影。土手の斜面にはしばらく桜並木が続いている

Photo●松本洋一

池を渡る『たま電車』

大池公園駅からすぐの大池公園は、約800本のソメイヨシノが咲く桜の名所。園内の池を渡る鉄橋のほか、線路が通っているため桜と列車をさまざまな組み合わせで撮れる

Photo●松本洋一

中国 四国

川べりを走るハヤブサ

八東駅から徒歩約10分、若狭鉄道と八東川が最も近づくあたりが撮影ポイント。河原にはまばらに桜が咲いている。車両はWT3300『スズキGSX1300Rハヤブサ』ラッピング車

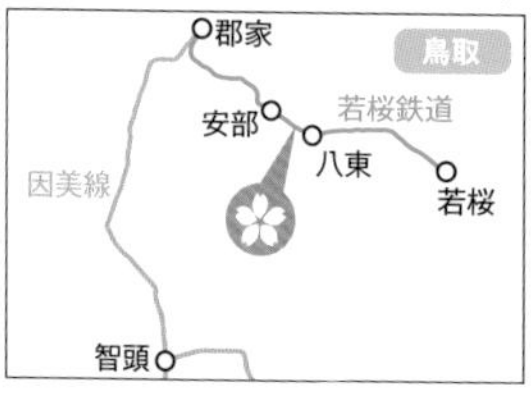

Photo●松本正敏

ライトアップされる桜と機関車

駅舎自体が登録有形文化財となっている若桜駅。構内奥には運転体験に使われるC12 167とDD16 7が転車台部分に展示されている。ライトアップされる夜を狙った

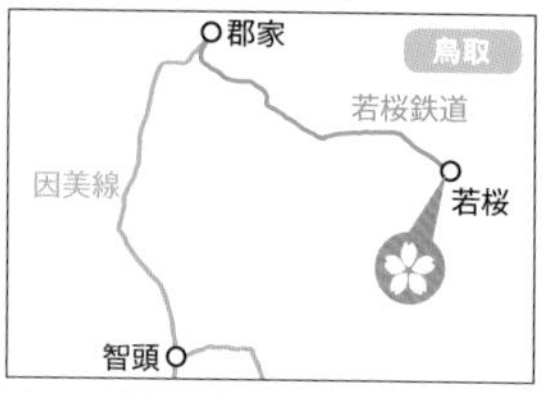

Photo●松本正敏

朝陽を浴びる桜並木とキハ

大岩駅は、線路と並走する県道との間に約１kmにわたって桜並木が続いており、地元では有名なスポット。写真はほぼ大岩駅構内から、早朝に入線するキハ47形を撮影

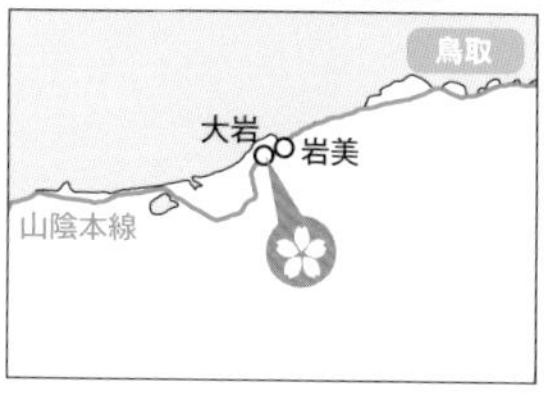

Photo●松本正敏

桜とともに見下ろす伯備線

伯耆溝口駅から徒歩15分、県道45号に沿って行くと伯備線を越えるように大江橋がかかっている。道路沿いに桜が咲いているため、その枝の隙間から眼下を走る車両を狙える

Photo●松本正敏

桜の鉄橋を渡る381系『特急やくも』

玉造温泉駅から徒歩５分にある玉湯川の河川敷が撮影ポイント。小さな川だが、両岸には約２kmにわたってソメイヨシノの桜並木が続く。夜にはライトアップもされる

Photo●松本正敏

宍道湖に沈む夕日と一畑電車

長江駅から徒歩５分。宍道湖に接する水路と一畑電車が並走する区間があるが、その合流地点。夕日が沈む直前、元東急1000系の外観をラッピングした『しまねっこII』を撮影

Photo●松本正敏

『SLやまぐち』と石州瓦の俯瞰

津和野駅から約2km。国道９号を通り、226号に入って山口線が見えるあたりから。遠くに広がる民家の赤い屋根は有名な石州瓦。D51 200＋35系客車の『SLやまぐち』とともに

Photo●松本正敏

駅構内から見通す木次公園

木次駅のホームの様子と停車中のキハ120形、背後の木次公園の桜をフレームに収めた。木次駅のすぐ裏手には、日本さくら名所100選の一つ、斐伊川堤防桜並木がある

Photo●松本正敏

桜のトンネルをくぐる山陽新幹線

東岡山駅から徒歩10分。目の前の小山にある岡山市立宍甘遊園地のうち、山陽新幹線のトンネル入り口付近から撮影。トンネルの上にかぶさるようにして桜の木が並んでいる

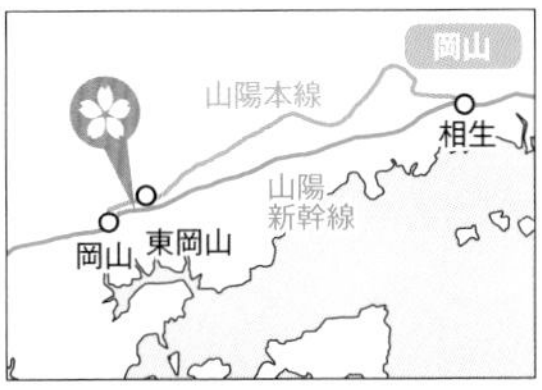

Photo●小林大樹

桜を背に鉄橋を渡る特急

備中川面駅から徒歩５分ほど。高梁川を渡る国道309号の橋から、第２高梁川橋梁を走る列車と、高梁川の土手の桜を狙える。写真では381系『特急やくも』を収めた

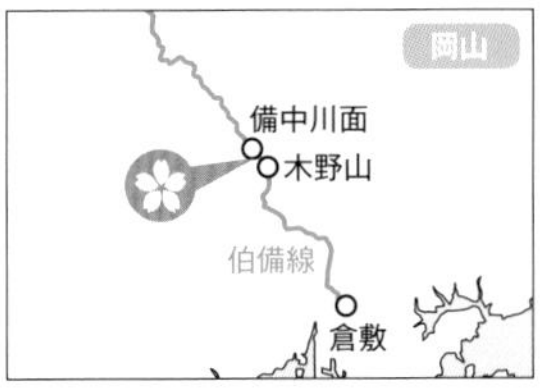

Photo●松本洋一

桜の枝の向こうの気動車

金川駅から徒歩10分、宇甘川の河川敷から川を渡る津山線の鉄橋が狙える。宇甘川の左岸には桜並木があり、シーズン中の夜には提灯と簡単なライトアップがある

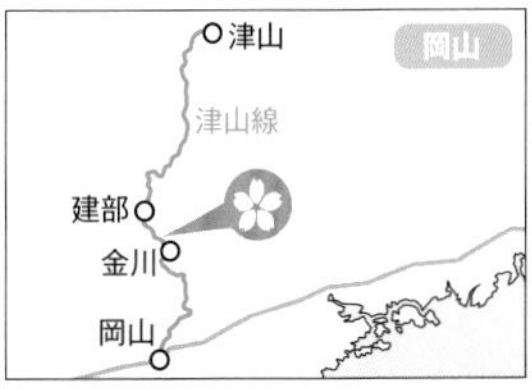

Photo●松本正敏

高台の丘から見下ろす井原線

小田駅と早雲の里荏原駅のちょうど中間地点ほど（徒歩20分程度）にある、おださくら公園から撮影。小高い丘が公園になっており、名前の通り多くの桜の木が植わっている

Photo●松本正敏

山間に沈む夕日と桜と駅舎

岡山県の備中神代駅と広島県の広島駅を結ぶ芸備線。上深川駅はホーム１面の小さな駅だが、線路の左右に桜が咲いている。駅徒歩4分の芸備線の上を走る県道37号から撮影

Photo●松本正敏

枝垂桜の枝から見る貨物列車

入野駅から徒歩10分、宮本橋近く国道435号沿いの民家の庭先にある枝ぶりの立派な桜の木から、田んぼの奥に山陽本線の線路が見える。撮影したのはEF210-300牽引の貨物列車

Photo●松本正敏

山と川と桜と民家と鉄道

中畑駅から徒歩10分ほど。県道24号と福塩線で芦田川をはさんでいるのが分岐しかける部分が撮影地。中国バスの見田停車場近く。桜の木があちこちまばらに花を咲かせている

Photo●松本正敏

猿猴川を渡る広島電鉄

広島電鉄本線が、桜並木のある猿猴川にかかる荒神橋を渡るところを狙える。撮影地は、広島駅前の立体駐車場。ここから猿猴川の両岸に咲く桜、広島電鉄、街並みが一望できる

Photo●小林大樹

白煙を吐く『SLやまぐち』

長門峡駅を出て徒歩10分、阿武川沿いに行った地点から、長門峡鉄橋を渡る『SLやまぐち』を狙える。通常なら鉄橋を見上げる形で狙うが、脚立を使用して上から撮影した

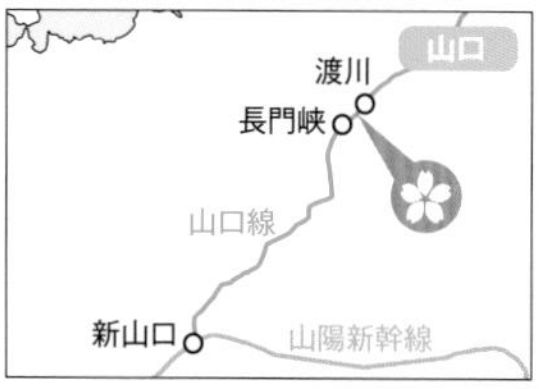

Photo●松本正敏

のどかな土手を抜ける美祢線

長門市駅から徒歩15分ほどの距離にある、深川川の河川敷にある遊歩道が撮影ポイント。桜並木の続く河川敷から、美祢線が渡る鉄橋が狙える。撮影車両はキハ120形

Photo●松本正敏

桜のトンネル駅、清流新岩国

清流新岩国駅のホーム端から、守内かさ神方面から入線してくるNT-3000を撮影。守内かさ神方面に向かって約200mにわたる桜並木があり、桜の並木道を抜ける車両が狙える

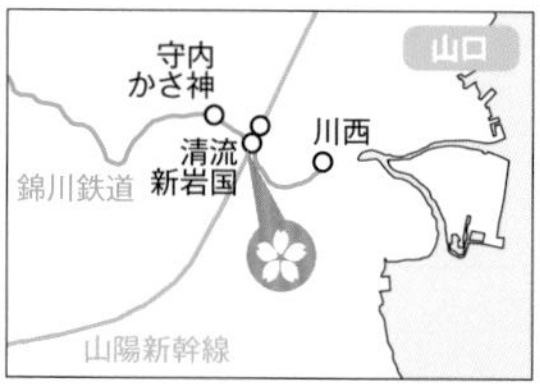

Photo●小林大樹

桜に埋もれる『アイランドエクスプレス四国II』

黒川駅より徒歩１分、財田川の河川敷が撮影ポイント。河川敷の桜のほか、鉄橋のたもとにも桜が密集しており、桜に埋もれるように進む車両を姿を撮影できる

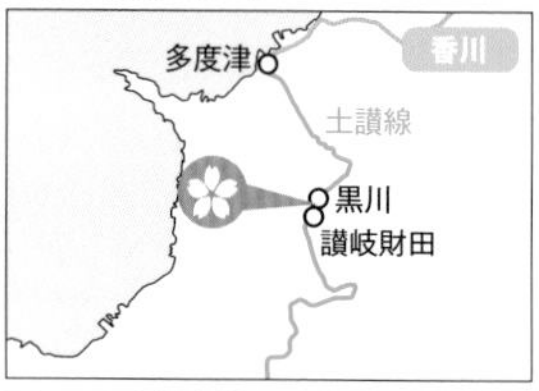

Photo●小林大樹

桜と鳥居の向こうのことでん

白山駅のすぐ目の前にある白山神社の参道が撮影ポイント。境内や参道に多くの桜が植えられており、鳥居越しにことでんを狙える場所となっている。撮影車両は1200形

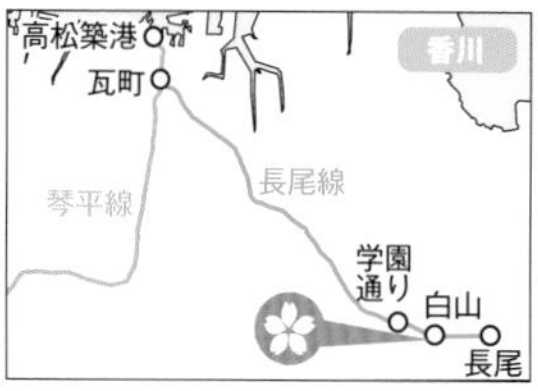

Photo●小林大樹

町中の桜があふれる駅

普段は通勤通学客でにぎわう駅だが、２番線ホームの裏には大きく枝を広げた桜の大木が並んでいる。写真はホームにある跨線橋の上から桜とキハ40を狙ったもの

Photo●小林大樹

『四国まんなか千年ものがたり』と桜

箸蔵駅より徒歩30分ぐらいの距離にある、小川谷川をカーブするように渡る鉄橋。鉄橋のたもとや周囲に桜の木が複数あるため、さまざまなアングルでの撮影も楽しめる

Photo●小林大樹

闇夜の渓谷に浮かぶ桜

大歩危駅周辺は、背後を流れる吉野川と線路の間に桜並木が続く絶景スポット。ソメイヨシノのほか蜂須賀桜がある。夜間、ライトアップされたところを狙った

Photo●小林大樹

絶景の駅の周囲の絶景

下灘駅から長浜方面に徒歩３分ほど行った道路が撮影スポット。下灘駅全体と桜の茂る周囲を切り取れる。写真は夕刻、入線した『伊予灘ものがたり』を捉えたもの

Photo●小林大樹

桜と海の映える線路

下灘駅から長浜方面に徒歩４分ほどの線路沿いの道路から。繁茂している桜の枝によって道路が見えず、まるで海と桜と列車だけのような写真となる

Photo●小林大樹

市内電車と街の桜

古町駅から線路を左手に見て徒歩３分。伊予鉄高浜線と伊予鉄環状線の線路の行き先が分岐するあたり。写真は路面電車のモハ50形だが、同じ場所で高浜線の車両も撮影可能

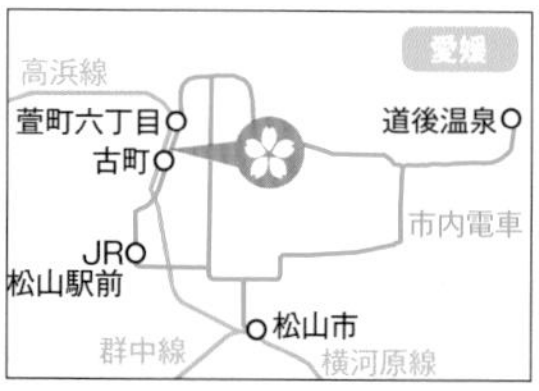

Photo●小林大樹

山の線路と力強い桜

窪川駅から徒歩10分ほどにある第三十七番札所・岩本寺。その脇にある三熊野神社の参道を進むと線路をくぐれる。神社側とは反対側に進む道路が撮影ポイント

Photo●小林大樹

堀川の桜と市内電車

菜園場町駅から徒歩1分、かるぽ～との目の前にある堀川の桜並木が撮影地。桜並木は堀川の両岸に400mほど続いている。車両はとさでん交通600形。車とのタイミングがシビア

Photo●小林大樹

広がる湾岸とかぶさる桜

安和駅から徒歩３分ほど。駅東側斜面の道路上が撮影ポイント。ちょうど見晴らし台のようになっており、桜の木が植えられている。撮影車両は2000系『特急あしずり』

Photo●小林大樹

桜と菜に包まれる鉄道ホビートレイン

打井川駅より徒歩２～３分。駅を出て道路沿いに進み、交差点付近の築堤わきの道路が撮影ポイント。築堤には60mほど桜の木が植えられていて並木となっている

Photo●小林大樹

九州 沖縄

桜と菜の花に包まれる駅

花の密度が高い桜の木に満ちている採銅所駅構内。この時期はほかに菜の花も咲いている。写真の撮影場所は、駅裏側の桜並木の部分。駅に停車中のキハ147-1000を狙った

Photo●小林大樹

川遊びのできる河川敷の桜

波多江駅から徒歩10分、瑞梅寺川の両岸にある桜並木が撮影ポイント（『清廉桜の並木道』と呼ばれる）。特徴はJR九州唯一の直流路線。堤防から桜並木、305系、鉄橋を狙った

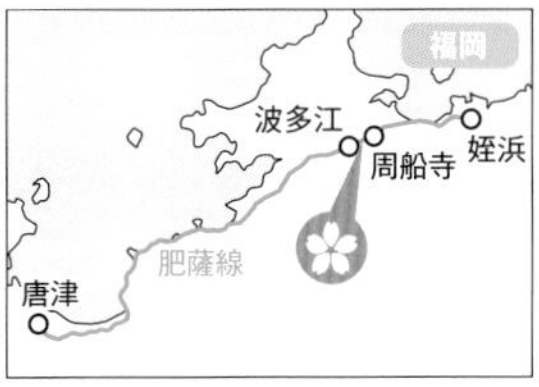

Photo●小林大樹

暗闇中に照らされる桜と車両

夜の採銅所駅、１番線ホームに停車している列車を撮影。ホームわきの桜の枝と、灯っている提灯の雰囲気を合わせて撮影。昼間とはまたとこなった趣がある

Photo●小林大樹

桜並木と菜の花の小路

今隈駅のすぐわきにある踏切から、松崎方面を狙って撮影。左手の駐車場部分が20mほどの桜並木となっており、根元には菜の花が広がっていた。撮影車両はAR-300

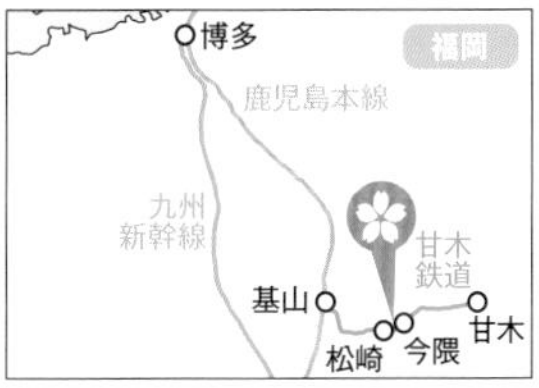

Photo●小林大樹

線路を覆うような桜の並木

浦ノ崎駅から徒歩４分。線路わきの空き地から伊万里方面行の列車を狙った。浦ノ崎駅は、駅舎のある部分から伊万里方面に向けて線路沿いに約90本の桜並木となっている

Photo●小林大樹

神社の境内を通る列車

上有田駅から徒歩10分ほど。桜の名所として有名な陶山神社は境内を佐世保線が通っている。境内にある桜と783系『特急ハウステンボス』と青空を狙って撮影

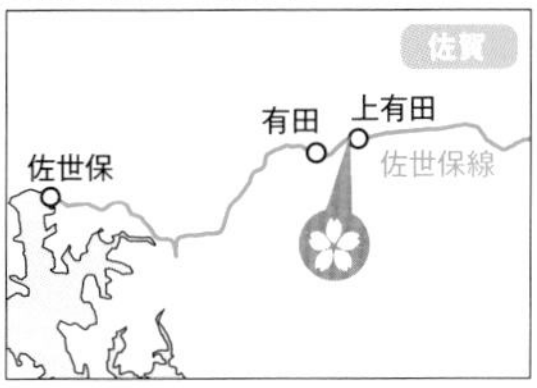

Photo●小林大樹

切通しを抜ける長崎本線

大草駅から国道207号沿いに徒歩15分ほど進むと、長崎本線と併走する直線付近から500mほど桜並木が続く。国道と線路の間に桜が植えてあり、斜面には菜の花も咲く

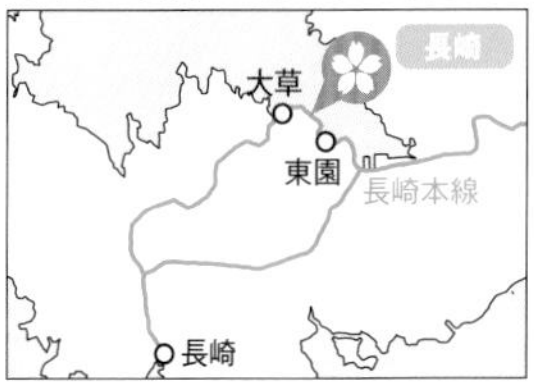

Photo●小林大樹

大村湾からの光と斜面の桜

東園駅より徒歩30分にある多良見のぞみ公園から、見下ろすように撮影。公園内からは大村湾が一望できる。園内の斜面に咲く１本桜とキハ67をフレームに収めた

Photo●小林大樹

長崎の市内電車と桜町の桜

市民会館と桜町の中間地点、併用軌道を跨ぐ国道34号の歩道が撮影ポイント。左側の側道に沿って桜並木がある。公会堂前交差点に向かっての直線を望遠でフレームに収めた

Photo●小林大樹

自然のトンネル行く『ゆふいんの森』

豊後中川駅から徒歩２分ほど離れた沿線の道路わきが撮影ポイント。駅周辺に大きな桜の木があるほか、この季節は他の花や緑に恵まれトンネルのように見える

Photo●小林大樹

赤い鉄橋の先にある一本桜

豊後中川から徒歩20分ほどの距離。観音の滝を越えたところに国道210号を脇にはずれて斜面に上る道がある。そこから玖珠川を渡る鉄橋を走る『特急ゆふいんの森』を狙える

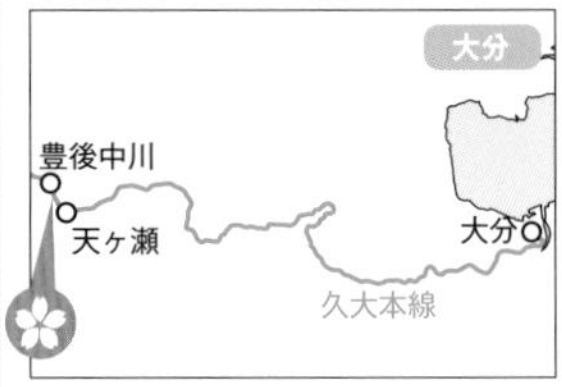

Photo●小林大樹

桜を背に排気を上げるキハ

杉河内駅の裏側。駅を出て右手に行き、アンダーパスを越えてすぐの裏側の築堤。駅の裏手からは山が広がっており、そこに桜が咲いている。撮影車両はキハ185『特急ゆふ』

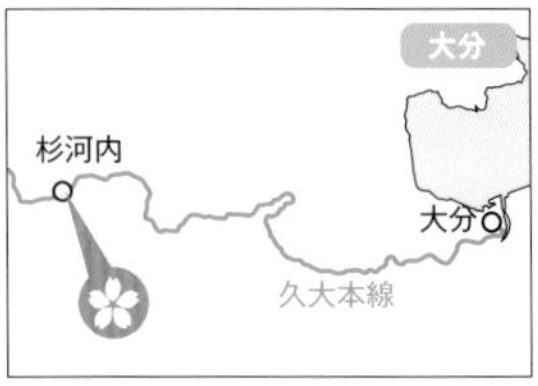

Photo●小林大樹

由布岳と駅に咲く桜

由布盆地の端のほうにある南由布駅。駅周辺からは由布岳が臨め、駅のホームを囲うように桜が植えられている。写真は由布岳を背に上下線を擦れ違うキハ125形と桜の様子

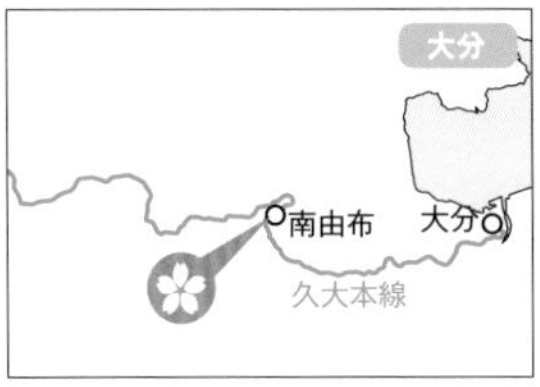

Photo●猪井貴志

ヘッドライトとテールランプ

豊後清川の駅構内。線路と並走する国道502号わきの林の中に分け入って、駅を狙った。駅のホームには数本の桜の木があり、交換駅の夜の姿とともにフレームに収めた

Photo●小林大樹

銀座線？な車両と坂の桜

韓々坂駅から徒歩１分、かんかん坂の目の前の踏切。右手にあるのがかんかん坂で、丘の登坂道に桜並木が続いている。東京メトロとのコラボラッピングによる01形を撮影

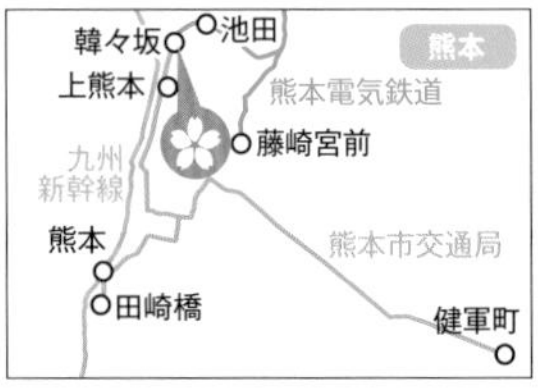

Photo●小林大樹

菜の花と桜の中を駆ける『特急ソニック』

杵築駅から200m程離れた場所から、県道644号と日豊本線が約2kmほど並走している。この並走区間の道路わきが桜並木になっており、桜と菜の花のちょうどよいポイントで撮影

Photo●小林大樹

南阿蘇を行くトロッコと沿線の桜

阿蘇白川駅から徒歩10分ほど。駅の裏手にある線路沿いの道路に回りこんで少し行くと桜の木と菜の花が畑の中に現れる。撮影車両はトロッコ列車で、DB160形と客車

Photo●小林大樹

桜で出来た深い掘割

西人吉駅から徒歩５分。国道219号を下原田町の信号を右折して少し行くとある、肥薩線を渡る跨線橋が撮影ポイント。線路の掘割の上に古木の桜並木が広がっている

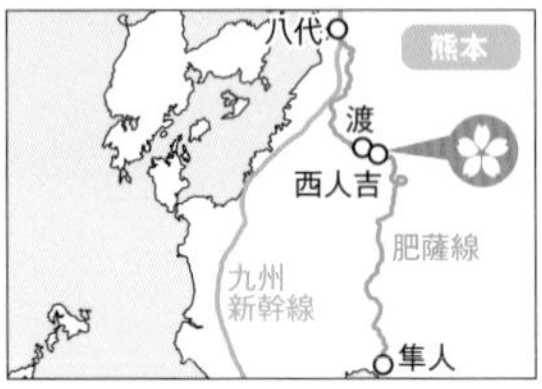

Photo●荒川好夫

八代海と桜を背にする気動車

上田浦駅から徒歩５分、線路沿いの道を行くと桜並木がある。すぐ横には肥薩おれんじ鉄道のトンネルがあり、これらと列車と海をフレームに収められる

Photo●小林大樹

大スイッチバックを抱える桜

有名な大畑のスイッチバックの様子を駅構内に咲く老桜樹とともに捉えた。撮影ポイントは、畜産農家の裏庭のブッシュ内のため、立ち入りには許可が必要となる

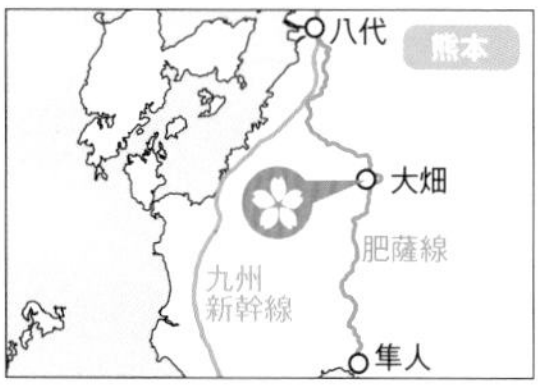

Photo●荒川好夫

山間を走る『特急やませみかわせみ』

葉木駅より徒歩1～2分ほどの道路沿いが撮影ポイント。左側に肥薩線の線路、県道158号をはさんで右側に球磨川が流れており、川岸には約1kmにわたって桜並木が続く

Photo●小林大樹

大堂津の海と宮崎の河津桜

大堂津駅から徒歩30分ほどにある、南郷城跡公園が撮影ポイント。天然記念物の亜熱帯林がある虚空蔵島、河口を渡る細田川橋梁など日南を一望。桜は斜面に立つ早咲きの河津桜

Photo●小林大樹

日本一開花の速い宮崎の桜

1月頭には咲き始めるという、日本一早く開花する超早咲きの桜・日南寒桜1号が、線路横の駅の駐車場に並んでいる。日南線の観光列車『特急海幸山幸』とともに撮影

Photo●小林大樹

長い桜並木が迎える列車

大隅横川駅より徒歩20分。肥薩線のトンネルすぐ目の前の今村第一踏切の脇が撮影ポイント。築堤に並ぶ桜並木を一望することができる。キハ147が遠くから接近する姿を収めた

Photo●小林大樹

開聞岳の麓の桜の駅

枝ぶりのいい大木に包まれる開聞駅。ホーム裏から線路沿いに20mほど並木が続いている。まだ咲き始めの桜と周囲の緑の様相を朝陽の中のキハ40とともに撮影

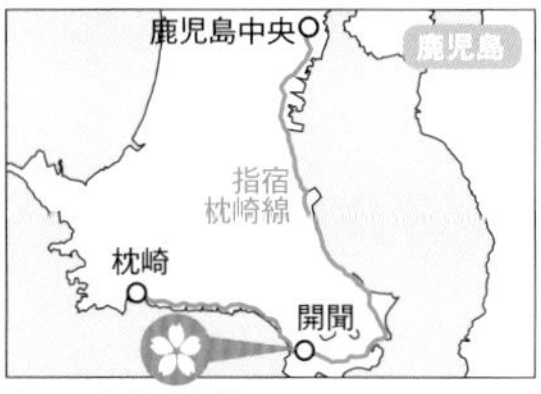

Photo●小林大樹

維新の町の桜と市電

高見橋駅から徒歩1分にある、甲突川にかかる高見橋から500形を撮影。甲突川沿いに遊歩道『維新故郷の道』があり桜並木となっているほか、大久保利通の像がある

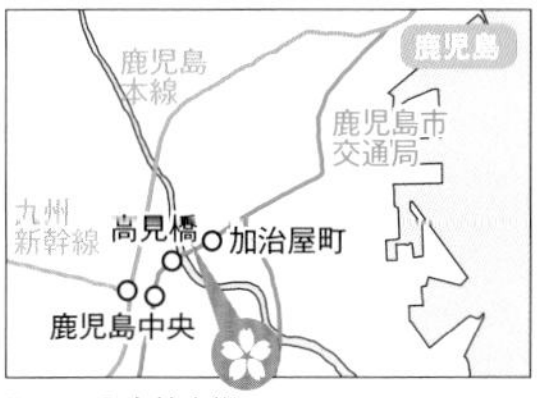

Photo●小林大樹

春の日ののどかな駅構内

駅構内にソメイヨシノや八重桜をはじめ、さまざまな桜や花が並ぶ大隅横川駅。徒歩3分ほどにある踏切から、キハ40とホームを狙える。ちなみに駅舎は国の登録有形文化財

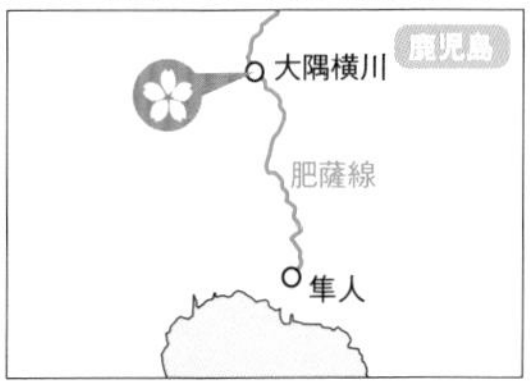

Photo●小林大樹

桜にうずもれる『特急はやとの風』

さまざまな種類の桜であふれる嘉例川駅。桜に包まれる車両を狙えるスポットは、徒歩2分にある高台の駅駐車場。黒いボディの観光列車『特急はやとの風』とともに収めた

Photo●小林大樹

日本最南端の駅の桜

撮影場所は赤嶺駅北口のロータリー。ロータリー近くにある団地に植えられているヒカンサクラとともにフレームに収めた。日本最南端の駅のサクラショットとなる

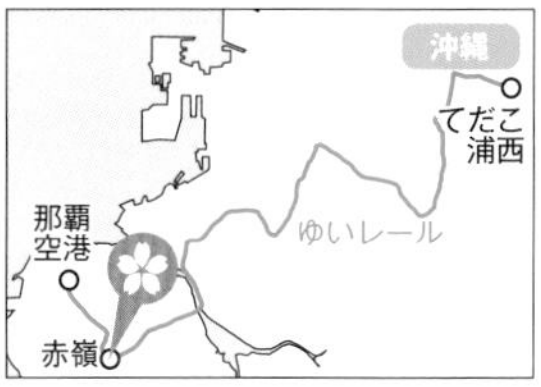

Photo●小林大樹

青空に映えるモノレールと桜

牧志駅から目の前の交差点を渡った先にある牧志公園内から、ゆいレールを狙える。小さな公園だが、周囲にはヒカンサクラが植えられており並木となっている

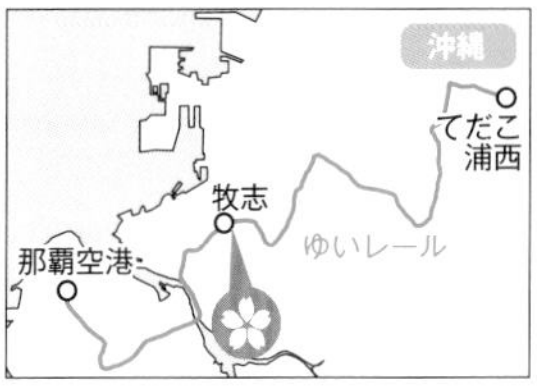

Photo●小林大樹

首里城近くから見るモノレール

市民病院前駅から徒歩15分ほど。高台に建つダブルツリーbyヒルトン那覇首里城の駐車場から、市内を走るゆいレールを撮影。桜はヒルトン駐車場に植えられているヒカンサクラ

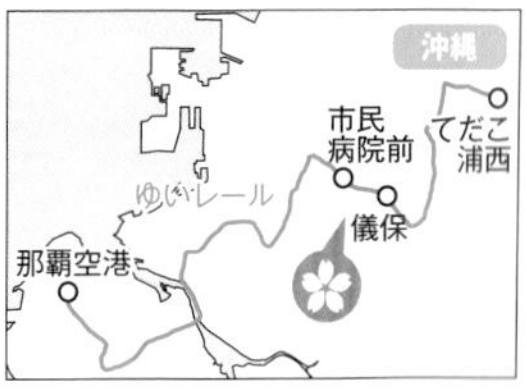

Photo●小林大樹

絶景! さくら鉄道

2020年1月25日　初版第1刷発行

著　レイルウエイズグラフィック
編者　グラフィック社編集部
発行者　長瀬 聡
発行所　グラフィック社
〒102-0073
東京都千代田区九段北1-14-17
tel.03-3263-4318（代表）　03-3263-4579（編集）
fax.03-3263-5297
郵便振替　00130-6-114345
http://www.graphicsha.co.jp/

印刷・製本　図書印刷株式会社

アートディレクション　小宮山裕
企画・編集　坂本章
編集協力　林真理子（Stun!）
松村浩次

本書は2019年春までに撮影された写真のうち、2020年1月時点で撮影できる車両を基本に掲載しています。ただし、P054、P056のみ例外です。

ISBN978-4-7661-3307-3　C0065
Printed in Japan